TVA
Mode d'emploi

50 questions-réponses pour optimiser la TVA et éviter les redressements

Groupe Eyrolles
61, bd Saint-Germain
75240 Paris cedex 05

www.editions-eyrolles.com

Marie Lambert

TVA
Mode d'emploi

50 questions-réponses pour optimiser la TVA et éviter les redressements

EYROLLES

Remerciements au Professeur Bernard Plagnet, pour son enseignement passionnant et son soutien, à Gérard Douez, Renaud Streichenberger et Philippe Bissara.

Table des matières

Préface **13**
Avant-propos **15**
  L'auteur 15
  L'ouvrage 16
  Les pictogrammes 17

Partie 1 :
Les notions incontournables

Chapitre 1 : **Comment fonctionne la TVA ?**..**21**
  Un peu d'histoire pour mieux la comprendre 21
  Un impôt indirect sur la valeur ajoutée produite par l'entreprise.................22

Chapitre 2 : **Que signifie être «assujetti à la TVA»?**............................**25**

Chapitre 3 : **Quelles sont les opérations entrant
                 dans le «champ d'application» de la TVA ?**........................**27**
  Quel est le sens du champ d'application de la TVA ?..............................28
  Comment identifier les opérations qui sont hors et dans le champ d'application
  de la TVA ? 29
    L'essentiel des opérations dans le champ de la TVA recouvre les opérations
    réalisées à titre onéreux 29
      Les livraisons de biens 29
      Les prestations de services..30
      Les opérations sont réalisées à titre onéreux 31
    Certaines opérations dans le champ sont expressément exonérées............32
    Certaines opérations exonérées sont taxables sur option 33
    Comment reconnaître et gérer les situations particulières ? 34
      Réalisez-vous sans le savoir des «livraisons à soi-même» (LASM) de biens
      ou de services ? 34
        a) Définition 34
        b) Taxation de l'opération 34
        c) La base d'imposition 35
        d) L'exigibilité...35
        e) La déduction de la TVA...35
      Quelles sont les particularités des activités libérales ? 36
        a) Le principe général de taxation 36
        b) Les professions dans le secteur médical ou paramédical 37
        c) L'enseignement..37

Quel est le sort des subventions, aides, dons, etc.? 37
Comment s'applique la TVA aux opérations de location? 38
    a) Les locations d'immeubles 38
    b) Les locations de biens incorporels 39
    c) Les locations en meublé à usage d'habitation 40
Quoi de neuf pour les opérations de construction? 41
    a) Définitions 42
    *b) Les opérations réalisées par les vendeurs assujettis à la TVA dans le cadre
    d'une activité économique.* 42
    c) Les opérations réalisées en dehors d'une activité économique. 43
    d) Les modalités de taxation. 43
    e) Les droits d'enregistrement 44
    f) Tableau récapitulatif de la TVA et des droits d'enregistrement (DE) applicables 45

Chapitre 4 : **Quel est le lien entre fait générateur, exigibilité et paiement de la TVA?** **47**
Que signifient ces termes? 48
Quand la TVA est-elle exigible pour les livraisons de biens? 49
  Exigibilité à la livraison 49
  Paiement avant la livraison 50
  Transfert de propriété avant la livraison 50
  Clause de réserve de propriété 50
  Location-vente 50
Quand la TVA est-elle exigible pour les prestations de services? 51
  Encaissement du prix 52
  Option pour les débits 52

Chapitre 5 : **Quelques rappels comptables** **55**

Partie 2 :
Comment déterminer la TVA à payer ou à imputer?

Chapitre 1 : **Première étape : déterminer la TVA collectée** **59**
Quelle est la base imposable à la TVA? 60
  Que prend-on en compte? 60
  Qu'exclut-on? 61
  Que se passe-t-il pour les opérations annulées, résiliées ou impayées? 61
    Opérations résiliées, annulées ou faisant l'objet d'un rabais 61
    Opérations impayées 62
  La base est réduite pour les biens d'occasion 62
Quels sont les taux applicables? 63

Chapitre 2 : **Seconde étape : quel est le montant de la TVA déductible?** **65**
Quelles sont les règles à suivre pour déduire la TVA? 67
  Quels sont les biens ou services pour lesquels la TVA est déductible? 67
  Quels sont les cas d'exclusion de la déduction de la TVA? 67

À quel moment peut-on déduire la TVA?..68
Quelles sont les mentions à respecter?..69
Quel est le sort des frais de réception et de déplacement?............................69
Le cas des cadeaux, échantillons et spécimens..70
Comment est déterminé le coefficient de déduction de la TVA?......................71
Le coefficient d'assujettissement...72
Le coefficient de taxation...73
Coefficient égal à zéro ou à un...73
Coefficient compris entre zéro et un..74
Quelles sont les difficultés liées aux produits financiers?................................75
a) Les produits exclus ou pas du champ d'application de la TVA......................76
b) Les incidences sur le coefficient de taxation...76
c) Comment bénéficier de la tolérance applicable aux opérations financières accessoires?........76
Le coefficient d'admission...77
Le coefficient de déduction..78
Quand créer un secteur distinct d'activité?..78
Dans quels cas faut-il régulariser la déduction initiale?....................................79
La régularisation annuelle du coefficient provisoire avec le coefficient définitif............80
Les événements générant une régularisation globale du coefficient de référence.......81
La régularisation des opérations résiliées, annulées ou impayées....................81

Chapitre 3 : **TVA à payer ou crédit de TVA?**...**83**
Dans quels cas doit-on régler de la TVA?..83
Comment utiliser le crédit de TVA?...84
Quelles sont les possibilités d'imputation?...84
Comment en obtenir le remboursement?..85
Quelles sont les obligations déclaratives?..86
Comment se faire rembourser la TVA exposée dans un autre pays membre de l'UE?........86

9

Partie 3 :
La territorialité de la TVA

Chapitre 1 : **La France et l'outre-mer**..**91**

Chapitre 2 : **Quelles questions se posent pour les opérations au sein de l'UE?**........**93**
Pourquoi obtenir un numéro intracommunautaire?...95
Quels sont les vingt-sept États membres de l'UE et leur code pays?.............96
Quel est le régime applicable aux échanges de biens au sein de l'UE?.........97
Qu'est-ce qu'une livraison ou une acquisition intracommunautaire?.............97
Quelles sont les particularités de ces opérations au regard de la TVA?.......98
Cas général..98
Les ventes à distance de biens...98
Quelles précautions prendre pour vos opérations intracommunautaires?..........99
Comment identifier et traiter les opérations triangulaires?.............................100
Quelles sont les particularités des prestations de services à l'intérieur de l'UE?..........101

Quel est le jargon employé par les nouvelles règles? 101
Quels sont les nouveaux principes? 102
Quid des opérations B to B, ou entre assujettis? 102
Quid des opérations B to C, ou entre un assujetti et un non-assujetti? 102
Quelles sont les particularités de certaines prestations de services? 103
Quelles sont les dérogations pour les opérations B to C? 103
Quelles sont les dérogations relatives aux opérations B to C? 104
Le formalisme...106
Mention sur les factures 106
Nouvelle déclaration européenne de services (DES) 106

Chapitre 3 : **Comment gérer les opérations réalisées avec le reste du monde?** 107

Quel est le régime applicable aux exportations? 108
Quel est le régime des importations? 108
Comment optimiser la TVA en achetant en franchise de TVA? 109
Que permet le régime fiscal «suspensif» de TVA? 110
Comment se protéger des surcoûts de la TVA par l'insertion d'une clause fiscale dans le contrat de vente ou d'achat? 111

Partie 4 :
Quelles règles de facturation doit-on respecter impérativement?

Chapitre 1 : **Quelles sont les obligations en matière de facturation?** 115

Il est obligatoire de facturer sous peine de sanctions 116
Particularités de la réglementation fiscale 117
La facture doit respecter un certain formalisme 117

Chapitre 2 : **Quelles sont les mentions à porter sur les factures?** 119

Les mentions générales 119
Les mentions relatives à une exonération 120

Partie 5 :
Quels sont les différents régimes de déclarations?

Chapitre 1 : **Le régime réel normal, dit RN** 125

Le régime de droit commun..126
Le régime des acomptes provisionnels 127

Chapitre 2 : **Les régimes adaptés aux petites entreprises** 129

La franchise en base 130
Quelles sont les entreprises concernées? 130

Que se passe-t-il si le seuil est dépassé?..131
Le régime réel simplifié ou RSI...132
Qui peut en bénéficier?...132
En quoi ce régime est-il simplifié?...132
Que se passe-t-il si le seuil est dépassé?...133
Le mini-réel : un régime alternatif?...133

Partie 6 :

Comment aborder le contrôle et le contentieux fiscal?

Chapitre 1 : **Quelles sont les précautions à prendre en cas
de contrôle fiscal?**..137
Le délai de reprise...138
Comment se déroule le contrôle?...138
Préparez-vous au contrôle..138
Comment répondre aux demandes du vérificateur?..139
Remise des documents sous format papier...140
Remise des fichiers informatiques...140
Le contrôle des comptabilités informatisées..140
Possibilité de régulariser spontanément avant la proposition de rectification.........141
Que faire en cas de redressement?...141

Chapitre 2 : **Comment gérer le contentieux fiscal?**.................................143

Chapitre 3 : **Quelles sont les sanctions possibles?**.................................145

Partie 7 :

Pour en savoir plus

Chapitre 1 : **Groupes : régime des sociétés holding**.................................149
Le traitement particulier des produits financiers...150
Les dividendes sont hors du champ d'application de la TVA...............................150
L'activité de cession de titres est en principe hors du champ application de la TVA...150
Les intérêts sur les prêts aux filiales sont dans le champ d'application
de la TVA et exonérés..150
Le régime TVA de la société holding varie selon son activité...................................151
Société holding pure : pas de possibilité de déduction de la TVA.......................151
Société holding mixte : une meilleure déduction de la TVA................................151
La société holding peut déduire la TVA en tout ou partie................................151
L'incidence des activités financières sur le coefficient d'assujettissement......152
La détermination du coefficient de taxation...153
La tolérance en cas d'opérations financières accessoires..............................153
La possible création de secteurs distincts d'activité pour éviter des déperditions...154
Les incidences sur la taxe sur les salaires..155

Quand la taxe sur les salaires est-elle due ?..155
L'assiette de la taxe sur les salaires 155
Le taux de la taxe sur les salaires..156
Particularités des sociétés holding..156

Chapitre 2 : **TVA sur les ventes de biens d'occasion** **159**
La TVA est appliquée sur la marge..159
Opérations à l'intérieur de l'UE...161
Rappel des principes..161
Le cas particulier des véhicules d'occasion 161

Chapitre 3 : **Quelles précautions prendre avant d'appliquer le taux réduit pour les travaux réalisés dans les logements ?**...........................**163**
Quels sont les locaux concernés ?...164
Quels sont les travaux visés par le taux réduit ?..164
Quelles sont les obligations à remplir ? 166

Les 10 commandements en matière de TVA

Annexes

Déclaration CA3..169
Annexe 3310 ter à la déclaration CA3 pour les entreprises ayant créé des secteurs distincts d'activité 171
TVA au taux réduit : attestation simplifiée..173
TVA au taux réduit : attestation normale 175
Demande de remboursement de crédit de TVA..180
Attestation d'assujetti...184
Modèle d'attestation d'achat en franchise de TVA 185
Modèle simplifié de clause fiscale 186
Version française...186
Version anglaise..186
Modèle de réclamation contentieuse avec demande de sursis au paiement.................187
Liens utiles 188

Index **189**

Préface

La TVA, invention française, a beaucoup évolué durant ces dernières années, à tel point que les promoteurs de cette taxe ont du mal à reconnaître leur enfant !

Marie Lambert a eu la très bonne idée de nous guider dans le dédale qu'est devenue la réglementation relative à la TVA.

Les directives européennes ont été évidemment le facteur déterminant de cette évolution. Mais il faut tenir compte d'un autre phénomène qui a contribué à la complexité du régime actuel.

Comme chacun sait, au niveau européen, les décisions fiscales doivent être prises à l'unanimité… ce qui bloque pratiquement toute évolution notable de la fiscalité. C'est donc le juge européen qui a pris le relais, car le juge européen doit donner l'interprétation des notions de droit communautaire qui devront être appliquées par les différents États membres. C'est ainsi que paradoxalement les principales évolutions du régime de la TVA résultent pour l'essentiel des conséquences de la jurisprudence européenne.

On peut simplement retenir quelques exemples.

La jurisprudence européenne a conduit à mieux distinguer les opérations entrant dans le champ d'application de la TVA et celles qui sont situées hors du champ d'application. En particulier, les opérations sans «lien direct» se situent hors champ : sur ce point la jurisprudence «Apple» de 1988 a eu une influence décisive. Que l'on songe, par exemple, à l'évolution du régime des subventions au regard de la TVA.

On peut également citer la définition de «l'assujetti agissant en tant que tel», avec la distinction entre la gestion du patrimoine et les «activités économiques» (cette distinction présente des difficultés d'application particulières, notamment dans le cadre de la réforme de la TVA immobilière réalisée par la loi du 9 mars 2010).

Le développement des échanges internationaux, notamment au sein de l'Union Européenne, a conduit à une refonte des règles de la territorialité, en particulier pour les prestations de services. La conciliation entre la simplification, la recherche de l'efficacité et la lutte contre la fraude et l'évasion fiscale n'est guère aisée.

Ces évolutions relatives au champ d'application de la TVA ont eu également des répercussions sur les modalités de calcul des déductions. À la simplicité initiale de «notre» vénérable «prorata» ont succédé les coefficients d'assujettissement, de taxation et d'admission qui permettent de déterminer le coefficient de déduction…

De telles évolutions sont de nature à dérouter quelque peu les redevables, et peut-être également des praticiens. La TVA, qui passait à l'origine pour être un impôt simple (et rentable…, d'où son succès) est désormais d'application plus complexe. De plus, la législation, directement inspirée par l'évolution du droit communautaire, est fort évolutive (c'est le cas par exemple pour la refonte de la fiscalité immobilière).

Au milieu de ce maquis, un «guide» est donc le bienvenu. D'autant que cet ouvrage est très complet et expose très clairement des règles complexes. Résolument tourné vers la solution de problèmes pratiques, il ne néglige pas pour autant l'exposé des fondements de ces solutions, ce qui permet de résoudre les cas qui ne sont pas nécessairement prévus dans les textes.

Ce livre rendra les plus grands services aux praticiens, mais sera également fort utile à tous ceux qui sont soucieux de mieux connaître la TVA. N'oublions pas qu'il s'agit de l'impôt le plus répandu dans le monde…

Bernard Plagnet
Professeur à la Faculté de Droit de Toulouse
Ancien membre du Conseil des impôts

Avant-propos

La TVA se présente comme un impôt neutre et sans danger. Sa philosophie est en effet d'en faire supporter la charge, non pas à l'entreprise, consommatrice intermédiaire, mais au client final, c'est-à-dire en général un particulier. Or cet impôt n'est pas aussi simple qu'il paraît. Le législateur l'a paré d'une batterie de textes complexes afin de le formaliser de façon très précise, voire pointue pour un non-initié.

Il est donc courant, et compréhensible, de commettre des erreurs sur l'application des textes, surtout dans un contexte législatif de renouvellement fréquent. On a ainsi assisté récemment à un bouleversement en matière de TVA sur les opérations immobilières, à la mise en place de nouvelles donnes pour la TVA intracommunautaire sur les prestations de services et à l'introduction de coefficients de déduction plutôt complexes, mais désormais incontournables.

C'est dans le cadre de suivi de contrôles ou de contentieux fiscaux que l'auteur, avocate, s'est aperçu que les entreprises subissaient souvent des redressements en matière de TVA. Les conséquences financières sont parfois désastreuses, notamment pour les petites PME. De nombreux rehaussements peuvent être évités par une meilleure connaissance des textes. Or les responsables chargés de la TVA n'ont pas toujours le temps de se pencher sur une documentation fiscale technique.

L'idée est née d'un mode d'emploi. Il s'agit là d'un ouvrage à la fois technique et abordable, le plus complet possible pour une majorité d'entreprises. Son objet est d'attirer l'attention de façon simple et pragmatique sur les points essentiels de la TVA à respecter impérativement. L'enjeu est de repérer les risques pour les gérer et d'optimiser la trésorerie liée à la TVA.

L'auteur

Avocate, Marie Lambert est titulaire d'un DESS de droit fiscal et d'un diplôme (DMSE) de l'École Supérieure de Commerce de Paris. Membre de l'Institut des Avocats Conseils Fiscaux, elle est chargée d'enseignement de la fiscalité pour le DJCE à l'Université des Sciences Sociales de Toulouse. Ancienne responsable fiscale d'un groupe international, elle pratique la fiscalité depuis plus de vingt-cinq ans.

Elle est également l'auteur de *150 conseils pour payer moins d'impôts* (Éditions d'Organisation, 2011, 2ᵉ éd.), un guide pour aider les particuliers à payer moins d'impôts. Elle collabore enfin avec le cabinet Actu Avocats (www.actu-avocats.com/). Site internet de l'auteur - www.marie-lambert-avocat.com.

L'ouvrage

Ce guide pratique se présente comme un mode d'emploi sous forme de questions-réponses, à l'usage des responsables de PME, des comptables ou des juristes en charge de la TVA, ou encore des étudiants.

Il aborde les notions incontournables comme celles d'assujetti, de champ d'application ou d'exigibilité, avant d'aborder les modalités de calcul de la TVA à payer ou du crédit de TVA pour les opérations les plus courantes. La question du formalisme est détaillée pour les besoins de la facturation ou des obligations déclaratives. Des développements dans la septième partie de ce guide, intitulée « Pour en savoir plus », sont consacrés à des sujets sensibles comme les opérations financières des sociétés holdings, le régime de la marge appliqué aux véhicules d'occasion ou les travaux immobiliers. Un point est fait sur la pratique du contrôle et du contentieux fiscal.

Ce mode d'emploi a pour objet de vous guider dans les arcanes de la TVA par une approche accessible à la majorité des PME et TPE ayant une activité autre qu'agricole. Afin de permettre une lecture plus digeste destinée à étudier les points clés incontournables, bien que souvent négligés, il n'aborde volontairement pas les cas les moins courants. Le vocabulaire utilisé est simple et les questions sont traitées de façon résumée pour se concentrer sur l'essentiel.

Comme toujours en fiscalité, de nombreuses exceptions côtoient les principes, et une réglementation toujours plus technique se double d'une jurisprudence évolutive. De manière générale, il est indispensable de vérifier les textes détaillés et à jour, accessibles notamment sur le site Internet du ministère des Finances, www.impots.gouv.fr ou sur celui de legifrance (www.legifrance.gouv.fr/). En ce qui concerne les nouveaux textes de lois, des instructions administratives sont attendues afin d'obtenir des précisions permettant de lever certaines incertitudes ou des difficultés d'application. Il est nécessaire d'en tirer les conséquences par rapport aux éléments détaillés du dossier examiné. Dans certains cas, il peut être opportun de faire valider par un expert-comptable, voire un avocat fiscaliste, le traitement fiscal des opérations en cause, car un professionnel saura mettre en avant les points sensibles méritant d'être analysés pour la TVA en relation avec les autres impôts et la comptabilité.

Ce mode d'emploi vous aide à comprendre votre situation au regard des règles de la TVA. Il s'agit de vous donner un outil pour démystifier les subtilités de cet impôt afin de vous aider à mieux gérer sa neutralité, voire à optimiser la trésorerie y afférente, et surtout à détecter les points pouvant causer un redressement. Il ne se substitue pas à une documentation détaillée ou à l'avis d'un professionnel au vu des éléments de votre dossier.

Les pictogrammes

Des pictogrammes accompagnent votre lecture.

Quelques mots pour donner la clé du sujet abordé.

Des informations pour bénéficier de conseils ou d'un commentaire, découvrir des opportunités ou encore les précautions à prendre.

Des exemples pour illustrer les règles.

Partie 1

Les notions incontournables

Pour mieux comprendre cet impôt, il ne paraît pas inutile de rappeler les principes de son fonctionnement. La compréhension de la TVA passe par la maîtrise du jargon technique incontournable qui désigne les notions à prendre en compte comme la qualité d'assujetti, le champ d'application, le fait générateur ou l'exigibilité. Une fois passée la barrière de ce vocabulaire un peu barbare, il est plus aisé d'entrer dans le cœur du sujet.

Comment fonctionne la TVA ?

La clé en quelques mots

L'entreprise facture la TVA sur son chiffre d'affaires hors taxes et paie la TVA sur ses dépenses.

Elle ne reverse au Trésor public que l'excédent de la TVA facturée sur celle payée.

En cas de différence négative, elle dispose d'un crédit de TVA qu'elle peut imputer ou se faire rembourser.

En général, la TVA se présente comme un impôt neutre pour l'entreprise. Cela n'est plus le cas quand la TVA n'est pas déductible en totalité, ou quand l'entreprise n'a pas respecté les règles ou le formalisme et subit les sanctions qui en découlent.

Un peu d'histoire pour mieux la comprendre

La Taxe sur la Valeur Ajoutée (TVA) est une invention de notre beau pays. Elle a été introduite dans notre droit en 1954 ; c'est donc déjà une dame de plus de 50 ans. C'est la pièce maîtresse du système des impôts indirects. Il faut dire qu'elle rapporte à l'État plus de 150 milliards d'euros, c'est-à-dire pas loin de 50 % du total des recettes fiscales. Cet impôt général de consommation atteint en effet pratiquement tous les biens et services consommés ou utilisés en France. Vous n'y échappez donc pas !

La TVA s'est également imposée dans de nombreux pays, à commencer par les États de l'Union Européenne (UE). Cependant, si certains pays ne l'ont pas adoptée, rares sont ceux qui ne prévoient pas de taxation sur le chiffre d'affaires.

Au sein de l'UE, des directives fixent les règles sur les opérations imposables, la territorialité de la TVA ou les exonérations. Le but est d'harmoniser la TVA entre les États membres qui doivent transposer les directives en droit interne, c'est-à-dire les prendre en compte dans leur Code des impôts. Ce guide indique les incidences des directives européennes notamment en ce qui concerne les opérations intra-communautaires, les ventes de biens d'occasion, les mentions obligatoires sur les factures, ou encore le remboursement de la TVA exposée dans un autre pays que celui d'établissement de l'entreprise. Malheureusement, l'harmonisation n'est pas encore totalement réalisée aussi, même si son rythme est lent, doit-on s'attendre à ce qu'elle entraîne de nouvelles adaptations du droit interne.

Un impôt indirect sur la valeur ajoutée produite par l'entreprise

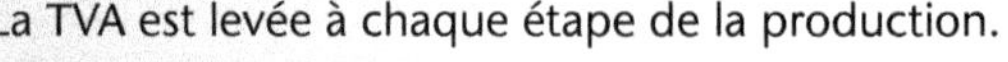

La clé en quelques mots

La TVA est levée à chaque étape de la production.

La TVA est également récupérée à chaque stade.

Le consommateur final en supporte la charge.

C'est un impôt efficace. Il est levé à chaque stade du processus de production. L'entreprise reverse au Trésor public la TVA qu'elle a facturée. Elle déduit ou « récupère » celle qu'elle a payée. L'entreprise verse en pratique au Trésor public la différence entre la TVA facturée et celle exposée lors des dépenses. Ainsi seule est taxée la « valeur ajoutée » produite par l'entreprise. C'est le consommateur final qui paie réellement l'impôt en bout de chaîne. On peut considérer que l'entreprise joue auprès de ses clients le rôle de percepteur d'impôt pour le compte de l'État, ce qui explique qu'elle doive reverser la TVA sans attendre, car la TVA collectée ne lui appartient pas.

C'est un impôt trompeur qui peut présenter des pièges. Si le principe en est simple, puisqu'il est censé être neutre pour les entreprises et supporté par le consommateur final, il est en réalité technique et très formaliste. Les entreprises se font souvent redresser suite à un défaut d'application ou à la mauvaise interprétation de règles strictes et formalistes.

Voici un exemple pour illustrer un mécanisme pas aussi simple qu'il y paraît.

Prenons le cas d'une boutique qui vend à un particulier un pantalon en coton. La chaîne peut se décrire ainsi dans le cas simple où, à chaque stade, la TVA payée ouvre droit à déduction.

Le fabricant de tissu achète des bobines de coton et verse au producteur de coton la TVA sur le prix d'achat du coton, soit 2 euros. Lorsqu'il vend la toile de coton qu'il a tissée, il facture la TVA à l'usine de confection de vêtements sur le prix du tissu vendu, soit 4 euros. Il collecte 4 euros et déduit les 2 euros qu'il a payés. Il verse donc 2 euros à l'État.

L'usine de confection de vêtements verse la TVA sur le prix du tissu acheté, soit 4 euros. Elle facture à la boutique de vêtements la TVA sur le prix du pantalon qu'elle a fabriqué, soit 6 euros. Elle collecte 6 euros et déduit les 4 euros qu'elle a payés au fabricant de tissu. Elle verse donc 2 euros à l'État.

La boutique verse la TVA sur le prix du pantalon qu'elle a acheté et qu'elle va vendre au détail, soit 6 euros. Elle facture à son client final la TVA sur le prix de vente du pantalon, soit 8 euros sur le prix de vente final. Elle collecte 8 euros et déduit 6 euros. Elle verse donc 2 euros à l'État.

L'État a reçu :

- 2 euros du producteur de coton;
- 2 euros du fabricant de tissu;
- 2 euros de l'usine de confection de vêtements;
- 2 euros de la boutique de vêtements.

Le total correspond à 8 euros. Chaque participant à la chaîne a déduit la TVA qu'il a payée sur ses achats, soit 12 euros au total, et a reversé la TVA collectée, soit 20 euros au total. La différence est égale aux 8 euros perçus par le Trésor public qui correspondent bien à la TVA payée par le consommateur final.

	TVA déduite	TVA collectée	TVA versée au Trésor public
Producteur de coton		2 €	2 €
Fabricant de tissu	2 €	4 €	2 €
Usine de confection	4 €	6 €	2 €
Boutique	6 €	8 €	2 €
Total	12 €	20 €	8 €

 Tout se passe donc bien tant que la TVA reste déductible à chaque étape. Cela devient plus aléatoire lorsqu'elle n'est pas déductible à chaque étape ou lorsque le taux de la TVA sur les achats diffère de celui à la vente, ou lorsque le produit ou le service concerné passe la frontière.

Chapitre 2

Que signifie être « assujetti à la TVA » ?

Article 256A du Code Général des Impôts (CGI)

La clé en quelques mots

Dès que vous réalisez des opérations économiques, comme des ventes de biens ou des prestations de services, de façon indépendante et habituelle, vous êtes un assujetti à la TVA.

Renseignez-vous rapidement afin de savoir comment être en règle dans le délai requis, qui peut être bref, et comment gérer la TVA par des choix adaptés dans le respect des règles incontournables.

L'article 256 du CGI indique que « sont soumises à la taxe sur la valeur ajoutée les livraisons de biens et les prestations de services effectuées à titre onéreux **par un assujetti** agissant en tant que tel ».

L'assujetti est une personne qui effectue **de manière habituelle** des **opérations économiques**, en étant **indépendant** et **agissant en tant que tel**. Les opérations économiques comprennent les ventes, les prestations de services et les locations. Les domaines concernés sont vastes : activité industrielle, commerciale, agricole, libérale, civile, extractive.

On peut être assujetti :

- **quel que soit le statut juridique, personne physique ou société ;**
- **quel que soit le statut fiscal d'un point de vue de l'imposition des bénéfices (impôt sur le revenu ou impôt sur les sociétés) ;**
- **même si l'on ne paie pas d'impôt sur le revenu (IR) ou d'impôt sur les sociétés (IS) ;**
- **même si l'on réalise des opérations exonérées de TVA qui sont cependant dans le champ d'application de la taxe.**

Un assujetti ne peut pas être un salarié ou un dirigeant personne physique agissant pour le compte de la société qui le rémunère.

Chapitre 3

Quelles sont les opérations entrant dans le «champ d'application» de la TVA ?

Articles 256 à 257 du CGI.

La clé en quelques mots

Le champ d'application de la TVA désigne les opérations taxables à la TVA. On y trouve surtout les opérations réalisées contre le paiement d'un prix, mais pas seulement.

Une opération peut être taxable mais exonérée, comme les exportations.

L'entreprise peut parfois renoncer à l'exonération si c'est son intérêt.

Les opérations hors champ de la TVA ne sont jamais soumises à cette taxe. Cela signifie aussi que l'entreprise qui les réalise ne peut pas déduire la TVA sur les dépenses y afférentes.

Certaines opérations dépendent d'un régime spécifique.

Vérifiez dans quelle catégorie vous vous situez afin de choisir les bonnes options.

Quel est le sens du champ d'application de la TVA?

Votre intérêt est de comprendre ce qu'est le champ d'application de la TVA afin de savoir si vous devez ou pas facturer de la TVA sur vos opérations.

Afin d'appréhender correctement la TVA, il est important de savoir ce qu'est son champ d'application. C'est une notion qui **permet de savoir si une entreprise doit ou pas facturer de la TVA.** Cela permet aussi de déterminer si la TVA payée est déductible ou pas, et si, elle est déductible, si elle l'est en totalité ou en partie.

Les opérations dans le champ d'application de la TVA sont celles qui peuvent être imposées à la TVA. Entrent dans cette catégorie :

- **des opérations qui sont effectivement taxées;**
- **mais aussi des opérations exonérées.**

Bien que cela ne semble pas logique, certaines opérations, alors qu'elles sont dans le champ d'application de la TVA, sont exonérées par une disposition spécifique. On verra que dans certains cas, le contribuable peut renoncer à l'exonération s'il y a un intérêt.

Outre cette catégorie, on peut citer les opérations hors champ d'application de la TVA qui ne peuvent pas être imposées à la TVA.

Attention à la taxe sur les salaires! En effet, doivent la **taxe sur les salaires** les sociétés qui ne sont pas assujetties à la TVA l'année du versement des rémunérations ou ne l'ont pas été sur 90 % au moins de leur chiffre d'affaires au titre de l'année civile qui précède celle des paiements desdites rémunérations. Sauf exonérations spécifiques, le calcul de la base de la taxe sur les salaires est aligné sur l'assiette des cotisations de Sécurité sociale, ajusté selon le rapport d'assujettissement à la TVA. Plus on est taxé à la TVA, moins on paie de taxe sur les salaires, et vice versa. Le taux normal est de 4,25 %. Il peut être porté à 8,5 % et 13,6 % selon le montant de la rémunération.

Comment identifier les opérations qui sont hors et dans le champ d'application de la TVA ?

L'essentiel des opérations économiques se situe dans le champ d'application de la TVA, mais les cas particuliers sont tellement nombreux qu'il est prudent d'analyser la composition de son chiffre d'affaires afin de vérifier s'il se trouve intégralement dans le champ d'application de la TVA et si des règles particulières doivent, ou pas, être appliquées.

L'essentiel des opérations dans le champ de la TVA recouvre les opérations réalisées à titre onéreux

Article 256, I du CGI

Il s'agit des prestations de services ou des livraisons de biens qui sont effectuées à titre onéreux par un assujetti à la TVA.

Rappelons que l'assujetti est une personne qui effectue de manière indépendante, c'est-à-dire librement dans l'organisation et l'exécution de sa mission, une activité économique, quel que soit son statut juridique. Cela peut être une activité de commerçant ou de prestataire de services, dans les domaines industriel, commercial, agricole, libéral ou artisanal. L'activité est exercée sous sa propre responsabilité.

La distinction entre livraison et prestation de service est fondamentale. C'est le premier élément qui permet de connaître à quel moment la TVA doit être facturée.

Les livraisons de biens

Il s'agit des livraisons de bien meuble corporels, par exemple des objets, des voitures, des meubles meublants, des animaux, du gaz, etc., par opposition aux immeubles et aux biens meubles incorporels qui suivent des règles particulières.

Au regard de la TVA, la livraison d'un bien signifie que l'acheteur a le pouvoir de disposer du bien, c'est-à-dire d'agir comme un propriétaire.

→ Opérations les plus courantes : celles entraînant une livraison sont en principe les ventes, mais pas seulement.

→ Autres opérations : peuvent également être concernés les apports, les échanges, les prêts. Dans la mesure où il y a remise matérielle d'un bien, il convient de vérifier ce qu'il en est au regard de la TVA.

Les prestations de services

Il s'agit d'opérations qui ne sont pas des livraisons de biens meubles corporels ou d'immeubles.

→ Opérations les plus courantes : elles sont en général constituées par des opérations de façon (transformation d'un produit appartenant à un tiers), de transport, de location, de travaux, d'études, de réparation, de recherche, de conseil, d'expertise, etc. Les ventes à consommer sur place de produits alimentaires ou de boissons sont considérées comme des prestations de service du point de vue de la TVA.

→ Autres opérations : on classe aussi dans cette catégorie les cessions ou concessions de biens meubles incorporels, comme les marques ou les brevets, les «engagements de ne pas faire un acte» comme les clauses de non-concurrence, les opérations réalisées par des intermédiaires qui agissent au nom d'une autre personne, les travaux immobiliers, etc.

 Si l'intermédiaire agit au nom et pour le compte d'une autre personne, le mandant — auquel cas l'intermédiaire est transparent —, il est considéré comme un prestataire de service du point de vue de la TVA et est taxé sur sa rémunération prenant la forme d'une commission versée par son mandant. S'il se présente aux tiers comme agissant en son nom propre — auquel cas il est dit «opaque» —, il est considéré comme un acheteur-revendeur taxable sur le montant total de la transaction.

La clé en quelques mots

Pour que vos opérations soient soumises à la TVA, votre entreprise doit en principe recevoir le paiement du prix, mais la TVA est due même si le prix n'est pas payé au moyen d'une somme d'argent.

Il est nécessaire que le fournisseur du bien ou du service reçoive une contrepartie ou un avantage direct. Cela peut être de l'argent, mais aussi un bien ou un service.

Il n'est pas indispensable que le fournisseur réalise un bénéfice. Une opération à prix coûtant est taxable. Un échange de biens ou de services est considéré comme une opération à titre onéreux du point de vue de la TVA.

On ne peut compenser les opérations symétriques afin de n'en retenir aucune. Cette règle est parfois oubliée dans les groupes où des filiales s'échangent volontiers des services. Le défaut de contrat et de facturation peut entraîner des redressements conséquents. Il est conseillé de border juridiquement les relations intra-groupe. Ceci est aussi surveillé du point de vue de l'impôt sur les bénéfices, l'administration fiscale exigeant de l'entreprise qu'elle ne commette pas un acte anormal de gestion en ne prenant pas en compte un résultat sur une opération économique. La compensation en matière de trésorerie entre une créance et une dette, qui est admise, ne doit pas être confondue avec la compensation entre deux opérations qui ne sont pas identifiées juridiquement et comptablement en tant que telles.

Pour que l'opération soit taxable, un lien direct entre le bien ou le service fourni et la contrepartie reçue est nécessaire.

La notion de lien direct a fait couler beaucoup d'encre chez les fiscalistes. Il s'agit de faire le lien entre un bénéficiaire identifié et la relation entre l'avantage reçu et la rémunération versée. Cette notion est particulièrement subtile pour les subventions, aides ou indemnités reçues par les entreprises. Dans certains cas, il est préférable de vérifier le caractère onéreux avec l'aide d'un avocat fiscaliste qui peut faire une analyse au vu des textes et de la dernière jurisprudence afin de déterminer le caractère taxable ou non.

Les opérations les plus courantes sont en général des ventes de biens ou de services contre paiement d'une somme d'argent. Ces opérations reposent souvent sur un contrat qui fixe l'objet du contrat et la rémunération. Peu importe que l'opération soit réalisée avec un profit ou à perte, ou qu'elle soit payée par le client ou par un tiers.

Attention aux remboursements de frais à prix coûtant qui, sauf exception notamment pour certains groupements, sont en principe soumis à TVA. Les sommes reçues en remboursement des avances faites pour le compte d'un commettant peuvent, sous conditions, ne pas être soumises à TVA : L'entreprise doit pouvoir justifier des dépenses, prévoir une reddition de comptes, utiliser des comptes de tiers en comptabilité, et formaliser un mandat préalable. Une mention spéciale est alors indiquée sur la facture.

Certaines opérations dans le champ sont expressément exonérées

Articles 261 à 263 du CGI.

La clé en quelques mots

La loi a prévu d'exonérer certaines opérations, même si elles remplissent les conditions habituelles pour être soumises à la TVA.

Il convient donc de vérifier si tout ou partie de votre chiffre d'affaires ne bénéficie pas d'une telle exonération.

Il s'agit d'opérations qui sont bien dans le champ d'application de la TVA, et qui bénéficient d'une exonération spécifique, accordée par la loi.

Il est important de savoir de quelle catégorie une opération dépend, car en principe si l'opération est exonérée, le droit à déduction de la TVA sur les charges est perdu, bien que ce principe comporte des exceptions.

Parmi les opérations exonérées qui intéressent la généralité des PME, on peut trouver, sous conditions :

- les exportations ;
- les livraisons intracommunautaires ;
- certains transports internationaux ;
- l'enseignement ;
- certaines locations immobilières ou en meublé ;
- certaines activités sanitaires ou médicales (analyses de biologie, transport sanitaire, etc.).

Les opérations les plus courantes sont détaillées dans ce guide.

Certaines opérations exonérées sont taxables sur option

Articles 260 à 260 CA du CGI.

La clé en quelques mots

Il s'agit d'opérations qui sont exonérées, mais que le contribuable peut volontairement soumettre à la TVA.

Vous pouvez décider d'opter pour la taxation à la TVA de ces opérations si cela est votre intérêt en vue d'optimiser la déduction de la TVA.

En cas d'option pour la TVA. Les obligations sont les mêmes que pour les opérations soumises de plein droit à la TVA. L'avantage est de pouvoir déduire la TVA sur les dépenses, investissements ou charges.

Si vous avez des dépenses soumises à la TVA, vous pouvez avoir intérêt à opter pour la TVA, surtout si votre clientèle a la possibilité de la récupérer.

Parmi les opérations courantes intéressant les PME, citons les locations de locaux nus à usage industriel ou commercial ou la renonciation au régime de la franchise.

Comment reconnaître et gérer les situations particulières?

Certaines situations méritent un commentaire particulier, ne serait-ce que pour pouvoir les identifier.

Article 257 du CGI

La clé en quelques mots

Il n'est pas nécessaire que vos opérations soient réalisées avec un tiers pour être taxables à la TVA.

Si votre entreprise se livre à elle-même des biens ou des services qu'elle produit, elle réalise une opération qui peut être taxable à la TVA.

34

a) Définition

Les LASM ne sont pas réalisées à titre onéreux, c'est-à-dire contre le paiement d'un prix, et sont pourtant dans le champ d'application de la TVA.

La LASM est une opération par laquelle une entreprise obtient un bien ou un service à partir d'éléments lui appartenant. Cela est fréquent lorsque l'entreprise a besoin d'un bien qu'elle peut fabriquer ou d'un service qu'elle réalise habituellement pour ses clients.

On retrouve cette situation également lorsqu'un bien, acquis initialement pour les besoins de l'entreprise, reçoit par la suite une affectation étrangère à ses besoins, ou lorsque des prestations de services sont rendues pour des besoins autres que ceux de l'entreprise.

b) Taxation de l'opération

La question qui se pose est celle du traitement de la TVA alors que cette opération ne fait pas l'objet d'une facturation. **La loi a souhaité replacer l'opération dans un cadre comme si l'opération avait été faite avec un fournisseur extérieur, avec des particularités compte tenu du caractère interne de l'opération. Selon l'objet de la LASM, le TVA pourra ou pas, être déduite.** Cela peut avoir un impact financier pour l'entreprise.

On distingue les LASM de biens et celles de services.

→ LASM de biens :

* LASM de biens affectés aux besoins de l'entreprise :
  Les LASM de biens qui sont des immobilisations sont imposées à la TVA.
  Les LASM d'immeubles sont abordées dans la partie relative aux opérations de construction.
  Les LASM de biens qui ne sont pas des immobilisations, par exemple des stocks, sont imposables à la TVA si le droit à déduction est limité ou exclu.
* LASM de biens non affectées aux besoins de l'entreprise : elles sont imposables à la TVA si la TVA d'origine sur le bien ou sur les éléments le composant, a été déduite en tout ou partie.

→ LASM de services : il y a imposition quand les prestations sont réalisées pour des besoins autres que ceux de l'entreprise, et que la TVA sur les dépenses occasionnées par la réalisation des prestations a ouvert droit, en tout ou partie, à déduction.

 La LASM concerne souvent les entreprises. Il arrive fréquemment qu'elles n'en prennent pas conscience et en paient les conséquences lors d'un redressement fiscal. Outre les sanctions habituelles, une amende spécifique de 5 % peut être appliquée à la taxe déductible non déclarée.

c) La base d'imposition

La base d'imposition est constituée par le prix d'achat ou la valeur vénale des biens concernés, ou à défaut par le prix de revient.

La valeur vénale correspond à une valeur de marché selon la loi de l'offre et de la demande.

d) L'exigibilité

Pour les biens, la date d'exigibilité de la TVA est celle de la première utilisation du bien ou de son changement d'affectation.

Pour les services, la date d'exigibilité est celle de la réalisation des prestations.

e) La déduction de la TVA

Pour les LASM de biens effectuées pour les besoins de l'entreprise, la TVA est déductible dans les conditions habituelles.

Pour les LASM de biens effectuées pour des besoins autres que ceux de l'entreprise, la TVA n'est pas déductible.

Pour les LASM de services affectés à des besoins étrangers à ceux de l'entreprise, la TVA n'est pas déductible.

Les cas suivants constituent des LASM :

- utilisation partielle d'un matériel de l'entreprise pour les besoins privés d'un employé ;
- fourniture de repas par un restaurant à des amis ou des employés ;
- prestations de conseil rendues gratuitement par un cabinet d'avocats à l'un de ses employés ;
- LASM d'un immeuble bâti.

Quelles sont les particularités des activités libérales ?

La clé en quelques mots

Les activités libérales sont des opérations économiques comme les autres au regard de la TVA, mais il existe des dérogations liées à la nature de l'activité.

a) Le principe général de taxation

Le principe est que les activités libérales sont taxables à la TVA selon le droit commun.

Ce principe comporte des exceptions, dont certaines sont reprises dans ce guide.

Si vous exercez une profession libérale, vous avec intérêt à vous renseigner auprès de votre organe de tutelle afin de connaître les possibles dérogations ainsi que leurs conditions d'application, et leurs mises à jour selon l'évolution des textes, notamment européens.

Les professions dans le secteur médical ou paramédical ont un statut particulier et peuvent bénéficier d'exonérations spécifiques.

Sous conditions, les professions du secteur juridique peuvent exclure de leur base d'imposition, au titre du remboursement des débours, les frais de procédure engagés au nom et pour le compte de leurs clients.

b) Les professions dans le secteur médical ou paramédical

Dans ce secteur, les opérations sont en principe exonérées sans possibilité d'option. Sont visés notamment les soins dispensés par les professionnels médicaux ou paramédicaux, les prestations d'analyses de biologie médicale, les fournitures de prothèses dentaires par les dentistes, et à certaines conditions par les prothésistes, les transports sanitaires agréés. La profession doit être réglementée.

c) L'enseignement

Le principe est que l'enseignement est taxable à la TVA, mais les exceptions au principe sont tellement nombreuses que peu d'opérations sont finalement soumises à la TVA. Parmi les opérations taxables, citons l'enseignement dispensé par les auto-écoles, les écoles de langues, etc.

Sont exonérés sans possibilité d'option les cours et leçons donnés par des personnes physiques à des particuliers et l'enseignement scolaire ou universitaire.

 Si votre activité est l'enseignement, vérifiez dans quelle catégorie elle rentre. Il existe de nombreuses situations particulières. Le statut au regard de la TVA de l'organisme qui dispense les cours a aussi une incidence sur le régime de TVA.

Les opérations qui entrent dans le cadre de la formation professionnelle continue relèvent d'un régime spécifique. Celles qui sont dispensées par un organisme privé doivent être distinguées selon qu'elles sont reconnues, c'est-à-dire ont obtenu une attestation administrative au regard de la formation professionnelle continue, ou pas. Si elles sont agréées suite à leur demande, elles sont exonérées de TVA. Dans ce cas, sont exonérés de TVA la prestation de formation et les services et biens accessoires à la formation.

Quel est le sort des subventions, aides, dons, etc. ?

Ces sommes suivent un traitement particulier qui dépend essentiellement de savoir si la personne qui les verse le fait en contrepartie de la réalisation d'une opération :

Si c'est le cas, on considère qu'il s'agit d'un prix qui est payé. Il est donc soumis à la TVA dans les conditions de droit commun.

S'il n'y a pas de contrepartie, la somme n'est en principe pas taxable à la TVA.

 La dénomination de la somme ou la qualité de la personne qui la verse n'est pas prise en compte.

Comment s'applique la TVA aux opérations de location ?

La clé en quelques mots

Les locations sont des prestations de services. Le principe est la taxation à la TVA, mais il comporte des exceptions selon l'objet de la location

a) Les locations d'immeubles

Elles peuvent selon le cas être taxées ou exonérées.

→ Impact sur le plan.

→ Les locations d'immeubles aménagés : il s'agit d'opérations commerciales taxées.

Dès que l'immeuble est à usage professionnel et équipé de mobilier, de matériel ou d'installations utilisés pour une activité, il entre dans la catégorie des immeubles aménagés. Cette catégorie comprend aussi les terrains aménagés comme les campings.

→ Les locations de locaux nus et de terrains non aménagés :

- La règle générale : ces locations sont en principe exonérées de TVA. Elles peuvent viser aussi bien une maison à usage d'habitation qu'un immeuble à usage professionnel.

 L'exonération vaut même si le bailleur est une société commerciale.

- Les exceptions :
  1) Les locations d'immeubles nus réputées commerciales : c'est le cas lorsqu'avec la location, le bailleur poursuit sous une autre forme l'exploitation de son actif commercial, ou lorsque c'est un moyen pour lui d'augmenter ses débouchés commerciaux, ou encore lorsqu'il participe aux résultats du locataire.

2) Les locations d'emplacements de parking : les locations de places de stationnement de véhicules sont en principe soumises obligatoirement à la TVA. Cela vise les garages, mais aussi les parkings, quelle que soit la catégorie de véhicule (voiture, avion, bateau, etc.). La location de l'emplacement de stationnement peut être exonérée si elle est accessoire à la location exonérée d'un local situé dans un même ensemble immobilier, par exemple d'un local professionnel nu.

→ Les locations de terrains et bâtiments agricoles : ces locations sont exonérées de TVA. Il s'agit principalement des locations par les fermiers (baux à ferme).

→ Certaines locations d'immeubles exonérées peuvent être soumises à la TVA sur option : il s'agit des locations de biens ruraux ou d'immeubles nus à usage professionnel.

 Attention, **l'option pour la TVA est expresse**, c'est-à-dire qu'il convient de la manifester formellement auprès du service des impôts dont l'entreprise dépend par un courrier recommandé avec accusé de réception. Depuis le décret 2010-1075 du 10 septembre 2010, elle prend effet le premier jour du mois suivant sa déclaration, ce qui signifie que le droit à déduction ne pourra jouer qu'à compter de cette date. Antérieurement, elle prenait effet le premier jour du mois au cours duquel elle était formulée. Si vous laissez passer le délai, le cas échéant à vérifier auprès de votre service des impôts, vous pouvez perdre définitivement tous vos droits à déduction. Le seul fait de cocher la case TVA sur les imprimés déposés au greffe ne suffit pas à établir votre option pour la TVA. L'option est valable tant que vous ne la dénoncez pas, ce que vous pouvez faire à compter du 1er janvier de la neuvième année civile qui suit l'exercice de l'option. Si l'immeuble n'est pas loué immédiatement, le contribuable doit pouvoir établir son intention de louer l'immeuble conformément aux règles.

 Si vous êtes locataire, pensez à réclamer à votre bailleur le justificatif de son option afin d'être en droit de déduire la TVA.

b) Les locations de biens incorporels

On peut citer comme exemples de biens incorporels le fonds de commerce, la clientèle, le droit au bail, les brevets d'invention, les marques de fabrique, les licences et autorisations administratives, les droits d'exploitation de mines ou de carrières, etc.

Les locations des biens incorporels sont en principe imposables à la TVA.

Certaines opérations spécifiques échappent cependant à cette imposition (droits sur des immeubles dont les locations sont exonérées, certaines locations d'un droit d'affichage, etc.).

c) Les locations en meublé à usage d'habitation

Articles. 261 D, 4°, 279, a du CGI

Les locations en meublé, occasionnelles ou permanentes, sont en général exonérées de TVA, sans possibilité d'option. Sur ce sujet, les exceptions sont également nombreuses. Sont ainsi imposables, sous conditions :

- les mises à disposition d'un local meublé dans un hôtel de tourisme classé ;
- les mises à disposition d'un local meublé dans un village de vacances classé ou agréé ;
- les mises à disposition d'un local meublé dans certaines résidences de tourisme classées ;
- les mises à disposition d'un local meublé avec réception de la clientèle, fourniture du petit-déjeuner, du linge ou du ménage ;
- les locations de locaux au profit de l'exploitant d'un établissement d'hébergement appartenant à l'une des catégories visées ci-dessus ;
- l'hébergement fourni dans certains villages résidentiels de tourisme.

Le taux réduit est en principe appliqué à la fourniture du logement meublé lorsque c'est l'objet principal de l'entreprise.

 Il convient d'analyser la prestation globale qui est rendue par l'entreprise au vu des textes détaillés afin de déterminer le régime applicable ; le cas échéant, il peut être nécessaire d'opérer une ventilation si plusieurs taux sont applicables.

Loi n° 2010-237 du 9 mars 2010 art. 16, article 257 du CGI, décret 2010-1075 du 10 septembre 2010

La clé en quelques mots

Le régime particulièrement technique de la TVA sur les opérations de construction, anciennement dit de la TVA immobilière, vient d'être modifié.

Ce sujet exige d'analyser le détail des opérations au vu de la qualité d'assujetti ou pas du vendeur et de l'acheteur et de l'objet de la vente.

On distingue les terrains à bâtir ou non, les immeubles neufs et anciens.

TVA et droits d'enregistrement sont cumulables, avec des exonérations ou réductions selon les cas

Il convient de se référer aux précisions les plus récentes données par l'administration qui n'a pas fini de répondre aux interrogations qui se posent.

41

Le régime de la TVA sur les opérations immobilières, dite TVA immobilière, a été modifié récemment afin de le rendre conforme à la réglementation européenne à compter du 11 mars 2010.

Ces nouvelles dispositions ne sont pas toutes parfaitement limpides. N'hésitez pas à prendre conseil afin d'adopter les règles exactes au vu des positions récentes de l'administration sur ce sujet très technique qu'elle ne manquera pas de préciser à nouveau.

Rappelons que l'on distinguait les opérations réalisées par les professionnels de l'immobilier comme les lotisseurs, constructeurs ou marchands de bien, des opérations réalisées par les autres entreprises. Des mesures particulières étaient prévues, notamment pour les cessions, afin qu'il n'y ait pas double imposition à la TVA immobilière et aux droits d'enregistrement.

La nouvelle réglementation met les professionnels de l'immobilier sur un pied d'égalité avec les autres entreprises. La notion d'assujetti revêt désormais toute son importance pour aborder ce sujet. Le vendeur est le redevable de la TVA. Le régime des droits d'enregistrement est clairement précisé. Des particularités, non abordées dans ce guide pratique visant les opérations courantes, sont prévues, notamment pour les opérations de crédit-bail et les immeubles en stock qui sont exploités avant leur vente.

On distingue dorénavant deux catégories d'opérations :

- **les opérations réalisées par les assujettis dans le cadre d'une activité économique, qu'il s'agisse ou non de professionnels de l'immobilier ;**
- **les opérations réalisées en dehors d'une activité économique.**

a) Définitions

Les terrains à bâtir sont définis comme les terrains situés dans un secteur désigné comme constructible par la réglementation de l'urbanisme. La définition est objective. **On ne parle plus d'intention de construire.**

- Les immeubles neufs sont ceux qui ne sont pas achevés depuis plus de cinq ans.
- Les immeubles anciens sont ceux achevés depuis plus de cinq ans.
- Le terme « livraison » vise au sens large les cessions, apports, échanges, etc.

Sont assimilés aux immeubles les droits portant sur un immeuble, comme les droits réels immobiliers, les droits relatifs à une promesse de vente, les droits sociaux portant sur un immeuble, etc.

b) Les opérations réalisées par les vendeurs assujettis à la TVA dans le cadre d'une activité économique

Ces opérations sont dans le champ d'application de la TVA. Selon l'objet de la livraison, la TVA est applicable de plein droit ou sur option.

→ Application de la TVA de plein droit :

- à toutes les livraisons de terrains à bâtir, y compris celles qui sont réalisées au bénéfice d'un particulier ;
- aux livraisons d'immeubles achevés depuis moins de cinq ans (immeubles neufs), même si ce n'est pas la première livraison ;
- aux livraisons à soi-même d'immeubles neufs.

→ Exonération de TVA avec option possible :

- pour les livraisons de terrains non à bâtir ;
- pour les immeubles achevés depuis plus de cinq ans.

 La possibilité d'option donne aux opérateurs l'opportunité de choisir selon la qualité de l'acquéreur et les dépenses qui ont été soumises à la TVA. L'option est formulée dans l'acte de mutation.

c) Les opérations réalisées en dehors d'une activité économique.

La TVA est applicable de plein droit dans les deux cas suivants :

- sur les cessions d'immeubles neufs antérieurement acquis en tant qu'immeuble à construire;
- sur certaines livraisons à soi-même d'immeubles du secteur social.

 La TVA n'est plus applicable aux cessions par un particulier d'un terrain à bâtir ou d'une construction neuve non acquise en l'état futur d'achèvement.

d) Les modalités de taxation

→ Redevable : c'est le vendeur qui doit la TVA au Trésor public, selon le droit commun.

→ Assiette : celle de la TVA est en principe le prix total pour les livraisons.

Par exception, l'assiette est limitée à la marge en cas d'option pour la TVA sur les cessions par un assujetti d'un terrain à bâtir ou d'un immeuble achevé depuis plus de cinq ans, lorsque l'acquisition de ce bien n'avait pas ouvert droit à déduction pour le vendeur.

Enfin, pour les livraisons à soi-même ou LASM, la TVA est assise sur le prix de revient.

→ Exigibilité : la TVA est en principe exigible à la livraison de l'immeuble.

En cas de vente en l'état futur d'achèvement, l'exigibilité intervient au fur et à mesure des encaissements du prix.

Pour les cessions dans les cinq ans de son achèvement par un non-assujetti d'un immeuble neuf acquis comme un immeuble à construire, le paiement de la TVA intervient lors de la formalité de l'enregistrement.

Enfin, pour les livraisons à soi-même ou LASM, la taxe calculée sur le prix de revient peut être payée jusqu'au 31 décembre de la deuxième année qui suit l'achèvement de l'immeuble. Les livraisons à soi-même d'immeubles neufs qui ne sont pas vendus dans le délai de deux ans de leur achèvement font l'objet d'une déclaration spéciale dans le mois de leur achèvement.

e) Les droits d'enregistrement

Article 683 du CGI

Des droits d'enregistrement peuvent être appliqués en sus de la TVA. Ils sont dus par l'acquéreur. Les cessions d'immeubles sont en principe soumises aux droits enregistrement au taux proportionnel de 5,09 % en 2010. L'application d'un taux réduit ou d'un droit fixe est possible dans certaines situations.

→ Les immeubles

Articles 1115 et 1594 F quinquies du CGI.

Par principe, les livraisons d'immeubles passibles de la TVA sont également visées par les droits d'enregistrement au taux proportionnel.

Peuvent en général bénéficier du taux réduit de 0,715 % :

- les mutations obligatoirement soumises à la TVA sur le prix total, sauf dans le cas où elle bénéficie du droit fixe (voir ci-après);
- les acquisitions d'immeubles par un assujetti qui prend l'engagement de revendre.

→ Particularité des terrains à bâtir

Article 1594-0 G, A du CGI

Les acquisitions de terrains à bâtir réalisées par un assujetti sont exonérées de droits proportionnels d'enregistrement et seulement soumises au droit fixe de 125 euros à condition que l'acquéreur prenne l'engagement de construire dans les quatre ans, avec une possibilité de prorogation. Cela ne dépend pas de l'imposition ou pas à la TVA.

Il est possible de demander une prorogation d'un an renouvelable du délai légal de construire. Si l'administration fiscale ne répond pas dans les deux mois de votre demande, cela vaut acceptation tacite. Renseignez-vous sur les détails de cette mesure auprès de votre centre des impôts.

 Le sujet des droits d'enregistrement est tout aussi complexe sur ce point que celui de la TVA sur les opérations immobilières. Il semble prudent de valider ces points avec un professionnel expérimenté au vu des nouveaux textes détaillés, et selon les dernières précisions données par l'administration, quitte à demander une position expresse.

f) Tableau récapitulatif de la TVA et des droits d'enregistrement (DE) applicables

TVA et DE	Objet de la vente	Acheteur assujetti	Acheteur non assujetti
Vendeur assujetti	Terrain non à bâtir	Exonération avec option possible sur le prix total, DE sur le prix total[3]	Exonération avec option possible sur le prix total, DE sur le prix total
	Terrain à bâtir	TVA sur la marge ou sur le prix total[1] DE[2,3,4]	TVA sur la marge ou sur le prix total[1] DE[4]
	Immeuble achevé depuis moins de cinq ans	TVA sur le prix total, DE[4]	TVA sur le prix total DE[4]
	Immeuble de plus de cinq ans	Exonération avec possible option pour TVA sur la marge ou prix total[1] DE[2,3]	Exonération avec possible option pour TVA sur la marge ou prix total[1] DE
Vendeur non assujetti	Terrain non à bâtir	hors champ TVA, DE	hors champ TVA DE
	Terrain à bâtir	hors champ TVA, DE[2,3]	hors champ TVA, DE
	Immeuble achevé depuis moins de cinq ans	TVA sur le prix total si immeuble acquis en tant qu'immeuble à construire et DE[4] sinon hors champ TVA et DE[3]	TVA sur le prix total si immeuble acquis en tant qu'immeuble à construire et DE[4], sinon hors champ TVA et DE
	Immeuble de plus de cinq ans	Hors champ TVA, DE[2,3]	Hors champ TVA, DE

1. TVA sur la marge si l'acquisition du bien n'avait pas donné droit à déduction de la TVA.
2. En principe, droits d'enregistrement proportionnels avec une possible exonération des droits proportionnels et application du droit fixe de 125 euros applicable si l'acquéreur prend l'engagement de construire dans les 4 ans (art. 1594-O G du CGI).
3. En principe, droits d'enregistrement proportionnels avec une possible application du taux réduit à 0,715 % (art. 1115 du CGI) en cas d'engagement de revendre le bien dans un délai de cinq ans.
4. Si la vente est soumise à la TVA sur le prix total, la mutation est soumise au taux réduit de 0,715 % sauf si elle bénéficie du droit fixe (art. 1594F quinquies A du CGI).

Chapitre 4

Quel est le lien entre fait générateur, exigibilité et paiement de la TVA ?

Article 269 du CGI

La clé en quelques mots

Il est nécessaire de savoir à quel moment vous devez payer la TVA, c'est-à-dire quand elle est exigible. Or, cette date varie selon le type d'opération en cause.

Il convient de distinguer les livraisons de biens et les prestations de services.

Certaines opérations suivent des règles spécifiques : importations, travaux immobiliers, livraisons à soi-même, etc.

Il convient d'identifier vos opérations afin de payer la TVA dans les temps et éviter ainsi un redressement.

Impossible d'échapper à ces termes techniques, presque barbares, qu'il convient de bien comprendre afin de mesurer correctement les obligations notamment pour la facturation ou les déclarations.

Que signifient ces termes?

Il faut connaître la date d'exigibilité de la TVA selon l'opération en cause afin de savoir quand la TVA doit être facturée ou payée.

Le fait générateur est le fait par lequel sont réalisées les conditions légales nécessaires pour que la TVA soit exigible.

Cet événement détermine la période au titre de laquelle les opérations doivent être déclarées, et la date à laquelle le Trésor public peut faire valoir son droit pour obtenir le paiement de la TVA correspondante.

La notion de fait générateur est complétée par celle d'exigibilité.

L'exigibilité désigne la date à laquelle la TVA est due. Dans la pratique, c'est l'exigibilité qui est importante.

Pour certaines opérations, le fait générateur et l'exigibilité coïncident, c'est-à-dire interviennent au même moment.

Ainsi, pour les livraisons de biens meubles corporels, le fait générateur et l'exigibilité interviennent à la délivrance du bien, c'est-à-dire **à la livraison.**

Pour les prestations de services et les travaux immobiliers, le fait générateur est l'exécution de la prestation de service. Toutefois, l'exigibilité intervient en principe à **l'encaissement du prix** (acomptes ou paiement de la facture). Ce principe comporte une **exception si l'entreprise a opté pour les débits.** Ce sujet sera abordé plus loin dans ce chapitre (lire page 52).

Pour les importations, le fait générateur et l'exigibilité interviennent au **dédouanement.**

Pour les acquisitions intracommunautaires, le fait générateur est la délivrance du bien, alors que l'exigibilité intervient **le 15 du mois suivant celui du fait générateur,** ou à la date de la facture lorsque celle-ci est délivrée à l'acquéreur avant.

Pour les livraisons à soi-même, le fait générateur et l'exigibilité interviennent à la **première utilisation du bien autre qu'un immeuble ou du service.**

Pour les livraisons à soi-même d'immeubles, les faits générateurs et l'exigibilité interviennent à l'achèvement de l'immeuble, avec une possibilité de report de liquidation de la taxe jusqu'au 31 décembre de la deuxième année qui suit l'achèvement,

Pour les ventes d'immeubles, avec les nouvelles règles décrites dans le chapitre précédent, la TVA est exigible au moment de la livraison avec une disposition particulière qui vise les échéances pour les ventes en état futur d'achèvement (art. 269, 2 a bis du CGI).

 Il est parfois délicat de faire la différence entre une livraison de bien et une prestation de service. Ainsi, dans le cas de la fourniture de logiciels, il peut être nécessaire pour se prononcer de mener une analyse sur le type de logiciel (standard ou sur-mesure) et le support utilisé.

Quand la TVA est-elle exigible pour les livraisons de biens ?

Exigibilité à la livraison

La clé en quelques mots

Pour les biens, c'est la date de livraison qui déclenche l'exigibilité de la TVA.

L'exigibilité de la TVA intervient à la date de la livraison du bien. Elle est indépendante de la date de conclusion du contrat, de celle du transfert de propriété ou de celle du paiement du prix.

Paiement avant la livraison

Lorsque le paiement intervient avant la livraison, en totalité, ce qui est très rare, ou plus fréquemment en partie sous la forme d'acomptes ou d'arrhes, aucune taxe n'est à facturer ni à régler à raison de ce paiement. La taxe n'est payée qu'à la livraison. C'est la facture définitive qui indique la TVA ou les références de son exonération si la vente est exonérée.

Transfert de propriété avant la livraison

Il peut arriver que le transfert de propriété précède la livraison. Dans ce cas, la TVA n'est pas exigible tant que le bien n'a pas été livré.

Clause de réserve de propriété

La clause de réserve de propriété retarde au contraire le transfert de propriété après la livraison, jusqu'au paiement intégral du prix, afin de garantir le vendeur contre le non-paiement de sa créance. La TVA est exigible dès la livraison du bien à l'acheteur, sans devoir attendre le paiement du prix et donc le transfert de propriété.

Location-vente

Il en va de même en cas de location-vente, qui est un contrat qui prévoit qu'à l'expiration d'un contrat de location, la propriété du bien loué sera transférée au locataire. La TVA s'applique lors de la remise matérielle sur le montant cumulé des loyers prévus ou sur le prix prévisionnel contractuel du bien.

 Il est fréquent que le paiement intervienne après la livraison. Dans ce cas, le fournisseur doit faire l'avance de la TVA, qui est facturée dès la livraison et réglée au Trésor public par rapport à cette date. Ceci peut être très ennuyeux en termes de trésorerie. Cela n'est pas une bonne raison d'un point de vue juridique pour décaler le paiement de la TVA à la réception du paiement. Les entreprises qui le font s'exposent à de graves sanctions. En cas de difficulté passagère de trésorerie, mieux vaut prendre contact avec son service des impôts afin de négocier un délai de paiement.

Lorsque le client prétend bénéficier d'une exonération alors qu'il ne peut en fournir le justificatif, le fournisseur doit facturer la TVA et la reverser au fisc.

 Exemple illustrant l'exigibilité de la TVA sur une livraison payée en plusieurs fois.

L'entreprise Vénus s'est engagée à livrer une antenne à l'un de ses clients.

Le devis suivant a été accepté.

Prix hors taxes de l'antenne	10 000 €
TVA 19,6 %	1 960 €
Prix de vente Toutes Taxes Comprises	11 960 €

Les conditions de règlement sont les suivantes :

20 % à la date de la commande le 1er mars 2011.

50 % à la date de livraison le 1er avril 2011.

30 % un mois après la livraison le 1er mai 2011.

Il s'agit d'une livraison de biens, et le paiement est fractionné. Une première partie est payable avant la livraison, une deuxième à la livraison et la dernière après la livraison.

L'étalement du paiement n'influence pas l'exigibilité de la taxe qui intervient à la livraison soit le 1er avril 2011. L'entreprise doit facturer l'intégralité de la TVA à cette date. Elle doit faire l'avance de la TVA sur la partie qui ne sera payée que le 1er mai 2011.

Quand la TVA est-elle exigible pour les prestations de services ?

La clé en quelques mots

Pour les services, c'est l'encaissement du prix qui déclenche l'exigibilité, sauf si le fournisseur préfère que ce soit l'écriture comptable en compte de débit qui la génère.

L'option pour les débits est opportune, en particulier si le suivi des encaissements s'avère difficile.

Encaissement du prix

Pour les prestations de services, le fait générateur ne coïncide pas avec l'exigibilité.

Le fait générateur est constitué par l'exécution du service ou des travaux.

L'exigibilité de la TVA est générée par l'encaissement du prix, qu'il prenne la forme de versement d'acomptes, de paiement du solde ou du règlement de la totalité du montant de la facture.

Option pour les débits

Les prestataires de service peuvent opter pour le paiement de la TVA d'après les débits.

Le débit est matérialisé par l'inscription comptable de la somme due au compte du client. L'exigibilité de la TVA intervient alors au moment de la facturation, c'est-à-dire généralement une fois que la prestation a été exécutée. Toutefois, en cas d'encaissement du prix de la prestation ou de perception d'un acompte avant la date de la facturation, la TVA est exigible sur le montant encaissé.

Cette option est formalisée par un courrier adressé au service des impôts de l'entreprise.

La TVA étant exigible plus tôt chez le prestataire elle est déductible plus tôt chez le client. Encore faut-il que ce dernier en soit informé. Dans un souci d'amélioration de sa trésorerie, il peut poser la question à ses fournisseurs.

 Si vos clients paient vos factures avec un délai important, l'option pour les débits vous oblige à avancer une trésorerie que vous ne percevrez que beaucoup plus tard. Pensez-y si vous avez pris cette option, afin, le cas échéant, de revoir votre position initiale. La renonciation à l'option prend alors effet pour les opérations réalisées à compter du premier jour du mois suivant celui au cours duquel la renonciation a été signifiée.

 Exemple de TVA sur une prestation de service :

- Le fournisseur Mars a opté pour le paiement de la TVA d'après les débits.

- Il a accepté de fournir une étude aux conditions suivantes.

Prix Hors Taxes de la prestation	4 500 €
TVA au taux de 19,6 %	882,00 €
Prix de vente Toutes taxes comprises	5 382 €

- Les conditions de règlement sont les suivantes :

  10 % à la commande, 20 % au commencement des travaux, 50 % à la réception de la facture définitive à la fin des travaux, et enfin 20 % un mois après la fin des travaux.

  Les versements effectués avant l'expédition de la facture entraînent l'exigibilité de la TVA, car l'autorisation d'option sur les débits ne peut pas avoir pour effet de retarder le paiement de la TVA.

- La société Mars doit la TVA au moment où l'écriture de débit est passée, même si la facture définitive n'a pas été émise, soit :

  - à la commande : 882 x 10 % = 88,20 € ;
  - au commencement des travaux : 882 x 20 % = 176,40 € ;
  - au moment de la facturation à la fin des travaux :
    882 x 70 % = 617,40 €.

Chapitre 5

Quelques rappels comptables

La clé en quelques mots

En principe, sauf le cas particulier de certaines petites entreprises, la TVA n'a pas d'incidence sur le compte de résultat.

Rappelons que les opérations de contrôle fiscal portent sur la comptabilité.

L'administration fiscale procède souvent à des recoupements entre la comptabilité et les déclarations de TVA.

Veillez donc à la cohérence de vos écritures comptables avec vos opérations et vos déclarations.

De manière générale, la comptabilité traduit les opérations de l'entreprise, et doit être établie en liaison avec les règles fiscales.

Au-delà des possibles sanctions fiscales ou pénales, une irrégularité comptable peut entraîner un risque de non-certification des comptes ou de dénonciation au Procureur de la République.

Rappelons que la TVA est collectée pour le compte du Trésor public. En principe, la TVA ne transite donc pas par le compte de résultat. Une exception est possible pour les petites entreprises qui ne sont pas soumises aux dispositions du plan comptable.

Toute écriture comptable relative à une opération économique suscite une interrogation sur le plan de la TVA. Un lien est établi entre la facture et d'éventuelles obligations particulières.

La TVA est enregistrée dans les subdivisions du compte 445 « État et taxes sur le chiffre d'affaires » :

- 4452 : TVA due intracommunautaire ;
- 4455 : TVA sur le chiffre d'affaires à décaisser ;
- 4456 : TVA déductible ;
- 4457 : TVA collectée par l'entreprise.

Le mode de comptabilisation dépend du caractère imposable ou pas de l'opération. Le taux de la TVA est pris en compte. La TVA non déductible est un élément du prix d'achat pour l'acheteur.

En fin de mois ou de trimestre selon le cas, l'entreprise constate en comptabilité le montant de la TVA déclarée, c'est-à-dire la TVA à verser ou le crédit de TVA. Si l'entreprise demande le remboursement du crédit de TVA, elle doit en tenir compte au niveau du compte 4456 TVA déductible, et faire intervenir le compte 4458 TVA à régulariser.

 C'est la comptabilité qui fournit à l'administration les premiers éléments qui lui permettent de remettre en cause la TVA. Il est important de pouvoir justifier vos écritures comptables au moyen d'éléments fiables et en règle.

Partie 2

Comment déterminer la TVA à payer ou à imputer?

Pour simplifier, on peut dire qu'à chaque stade de la production ou de la distribution une entreprise est concernée par deux postes de TVA :

- la TVA collectée, c'est-à-dire facturée à ses clients, parfois appelée «taxe d'aval»;
- la TVA déductible, c'est-à-dire payée sur ses charges déductibles, aussi nommée «TVA d'amont».

La différence entre les deux génère soit une TVA à payer, soit un crédit de TVA que l'on peut imputer ou dont on peut demander le remboursement.

Le vendeur est en général redevable de la TVA. C'est toujours le cas lorsqu'il vend à un particulier. Il existe des situations limitatives, comme les importations ou les cas d'autoliquidation, où l'acheteur professionnel paie la TVA. Ces situations sont examinées dans les paragraphes qui s'y rapportent.

Première étape : déterminer la TVA collectée

La clé en quelques mots

La TVA à reverser au Trésor public est la TVA collectée.

Pour la calculer, il convient de déterminer la base sur laquelle elle s'applique.

Le calcul de la base est soumis à des règles précises.

Il faut tenir compte des régimes particuliers applicables à certaines situations : autoliquidation, c'est-à-dire paiement spontané de la TVA non facturée, pour les livraisons à soi-même ou les opérations internationales, imposition sur la seule marge dégagée pour les ventes de biens d'occasion, opérations futures remettant en cause la déduction de TVA, défaut de paiement des factures, etc.

Le taux appliqué dépend du type d'opérations réalisées.

L'application du taux réduit s'accompagne en règle générale du respect de conditions précises, malheureusement souvent oubliées ou ignorées. Par exemple, les entreprises qui fournissent des travaux dans les logements sont en première ligne pour subir les conséquences financières d'un redressement.

 Attention, toute TVA facturée, même à tort, est due.

Quelle est la base imposable à la TVA?

Articles 266 à 268 quater du CGI

La clé en quelques mots

La base est en principe constituée par le prix de l'opération.

Les rabais, impayés, ou annulations ont une incidence sur la base qui peut être revue à condition de respecter le formalisme requis.

Que prend-on en compte?

Le principe est que la base imposable à la TVA correspond au montant reçu en contrepartie de la livraison du bien ou de la prestation de service. Ce montant peut être remis sous forme de somme d'argent, de biens ou de services.

La base est égale à la somme :

- du prix de vente hors TVA;
- des compléments de prix (par exemple, les majorations pour faible facture ou délais rapides d'exécution);
- de tous les frais accessoires à la vente (par exemple, les commissions, les frais d'emballage, d'assurance, de transport, etc.).

Une idée reçue veut que cette base n'existe que s'il y a paiement au moyen d'une somme d'argent. Ce raisonnement est erroné. C'est la notion de contrepartie qui est importante. Ainsi, en cas de paiement par compensation d'une dette avec une créance, il convient de déclarer l'opération concernée. En cas d'échange de biens, chaque opération est considérée comme une vente.

Qu'exclut-on ?

La TVA elle-même n'est pas prise en compte dans la base imposable.

La base ne comprend pas les frais à la charge du client, qui sont générés par un contrat lié à la vente, mais indépendant de celle-ci, et qui sont réglés directement par ses soins.

 Les intérêts pour délai de paiement sur la période qui suit la livraison du bien ou la réalisation de la prestation de service sont en principe exonérés, car ils sont liés à une opération de crédit. S'ils sont facturés avec le prix de vente, le tout est soumis à TVA.

Que se passe-t-il pour les opérations annulées, résiliées ou impayées ?

La TVA qui a été acquittée à l'occasion d'opérations qui sont par la suite résiliées, annulées ou impayées en tout ou partie peut être récupérée, en tout ou partie, si la facture initiale est rectifiée. Le contribuable peut imputer la TVA concernée sur la TVA due ligne 21 de l'imprimé CA3.

Opérations résiliées, annulées ou faisant l'objet d'un rabais

Le fournisseur envoie au client :

→ soit une nouvelle facture qui annule et remplace la précédente, et qui indique la référence précise à la facture initiale avec la mention expresse de l'annulation de celle-ci.

→ soit une note d'avoir qui fait référence à la facture initiale et sur laquelle est indiqué le montant hors taxe de l'opération annulée ou du rabais, ainsi que le montant de la TVA correspondante. Cette note, outre les mentions obligatoires afférentes aux factures, précise le montant total hors taxe et la TVA due après application de la réduction de prix ou de l'annulation.

Le client de son côté rectifie le montant de la déduction initiale de la TVA indiquée sur la note d'avoir ou sur la facture rectificative.

 Si le rabais ou la remise rémunère en réalité une prestation de service rendue par le client, par exemple une publicité sur le produit vendu, la TVA n'est pas déductible. Ce sujet donne lieu à des redressements, notamment chez les fournisseurs du secteur de la grande distribution.

Le fournisseur a intérêt à veiller à la rédaction des termes du contrat afin d'éviter les risques de redressement. Compte tenu des montants en jeu et de la répétition de ces pratiques, les services vérificateurs ont tendance à considérer qu'il s'agit d'un manquement délibéré. S'il est saisi suffisamment en amont de la procédure, un conseil averti peut vous aider à préparer votre défense au vu des éléments de votre dossier. L'idéal est d'être conseillé dès la négociation des termes du contrat.

Opérations impayées

Le fournisseur adresse à son client un duplicata de la facture initiale avec les mentions initiales auxquelles est ajoutée la mention expresse «Facture demeurée impayée pour la somme de... € prix net et pour la somme de... € en ce qui concerne la TVA correspondante qui ne peut faire l'objet d'une déduction selon l'article 272 du CGI».

Le fournisseur ne peut récupérer la TVA que s'il peut prouver le caractère irrécouvrable de sa créance. Pour cela, il devra avoir épuisé les poursuites contre son client et passé la créance en perte. En cas de liquidation judiciaire du débiteur, il est possible de récupérer la TVA dès la décision de justice qui prononce la liquidation.

 Ce sujet donne lieu à des redressements surtout pour les petites factures. Dans ce cas, les entreprises n'exposent en effet pas de frais de poursuites parfois plus coûteux que le montant des créances. Or, si celles-ci sont nombreuses, le redressement peut avoir une conséquence financière non négligeable.

Le délai pour agir expire en principe le 31 décembre de la deuxième année suivant celle au cours de laquelle s'est produit l'événement ouvrant droit à récupération (décision de justice, rabais, etc.

La base est réduite pour les biens d'occasion

Ce régime particulier concerne les assujettis revendeurs qui réalisent des opérations sur des biens d'occasion, antiquités, objets de collection ou œuvres d'art.

Ce régime dit « de la marge » prévoit que le revendeur n'applique la TVA que sur la marge, c'est-à-dire sur la différence entre le prix de vente et le prix d'achat.

 Ce régime, simple en apparence, mérite un examen particulier, surtout si les opérations en cause sont réalisées avec d'autres États membre de l'UE. Vous le retrouvez plus loin dans la septième partie « Pour en savoir plus ».

Quels sont les taux applicables ?

Articles 281, 279 bis, 279-0 du CGI

La clé en quelques mots

La majorité des entreprises sont concernées par les taux de 19,6 % et de 5,5 %.

Le taux réduit est soumis à des conditions très précises, parfois oubliées des entreprises.

En France, se côtoient trois principaux taux :

- **le taux normal de 19.6 % ;**
- **le taux réduit de 5.5 % ;**
- **le taux super-réduit de 2,1 %.**

Des taux particuliers peuvent s'appliquer à certains produits et opérations, et diffèrent selon le territoire concerné (France continentale, Corse, DOM).

Le taux de 19,6 % s'applique de manière générale lorsqu'aucun taux particulier n'a été expressément prévu.

Le taux réduit de TVA, lui, s'applique à certains biens et prestations de services limitativement désignés par la loi, comme la majorité des produits alimentaires à l'exclusion des boissons alcoolisées, les médicaments non remboursables, certains équipements spéciaux pour handicapés, les livres (à compter du 1er janvier 2012 pour ceux fournis par téléchargement), les transports de voyageurs, certains spectacles, les services d'aide à la personne fournis par des organismes agréés, les ventes à consommer sur place de produits alimentaires ou de boissons non alcoolisées, certains travaux portant sur des locaux d'habitation, etc.

Le taux super-réduit, enfin, vise en particulier les ventes d'animaux de boucherie et de charcuterie à des non assujettis, les médicaments soumis à autorisation temporaire, les publications de presse, les médicaments remboursés par la Sécurité sociale, etc.

L'application du taux réduit peut être soumise à conditions, ce qui est le cas en particulier des travaux dans les logements.

 Les exceptions au taux normal sont assez nombreuses. Il est préférable de vérifier quel est le taux applicable à vos opérations. Si vous vendez des biens ou des prestations relevant de plusieurs taux, n'oubliez pas de les ventiler sur vos factures selon le taux appliqué. Afin de ne pas semer le doute inutilement, veillez à intituler l'objet de vos factures précisément, en fonction des définitions exactes données par les textes ou l'administration fiscale. Par exemple, ne qualifiez pas « reconstruction » des travaux qui conduisent à une simple rénovation. N'oubliez pas de préciser les postes relatifs à la main-d'œuvre. Par exemple, ne reportez pas sur une seule ligne la fourniture et l'installation des éléments d'une salle de bains.

64

Seconde étape : quel est le montant de la TVA déductible ?

Article 271 du CGI

La clé en quelques mots

La TVA déductible ne l'est pas toujours à 100 %.

Certaines opérations sont exclues du droit à déduction.

La déduction est conditionnée par la mention de la TVA sur les factures et les déclarations.

Un coefficient de déduction est calculé par bien et par service.

Il relève de la combinaison de plusieurs coefficients : le coefficient d'assujettissement qui dépend de l'exclusion ou pas du champ d'application de la TVA ; le coefficient de taxation, lié au droit à déduction ; le coefficient d'admission, fixé par des textes spécifiques.

Le coefficient de déduction des entreprises qui perçoivent des produits financiers peut être revu à la baisse. Elles peuvent avoir intérêt à créer des secteurs distincts afin de mieux gérer la déduction de la TVA.

Le coefficient de déduction est d'abord provisoire. Il peut être revu à la hausse ou à la baisse, selon la vie de l'entreprise et la sortie prématurée de ses actifs.

Le principe est que la TVA qui a grevé les éléments du prix d'une opération imposable est déductible de la TVA facturée sur cette opération.

Ce principe est toutefois soumis à des restrictions, à des conditions précises et à des règles sur les délais à respecter.

 Aussi, n'est-il pas certain que la TVA facturée à votre entreprise, à quelque titre que ce soit, ouvre droit à déduction.

Comme nous l'avons vu dans l'exemple au premier chapitre de la partie I, pour un grand nombre d'opérations, la TVA se déduit de façon étalée à chaque stade de production ou de distribution des biens ou des services. Un lien est en général observé entre les biens et services utilisés et les opérations taxées, même si le suivi ne se fait en général pas opération par opération, mais selon une période déterminée.

La neutralité parfaite ne peut jouer que si les activités en cause sont soumises à la TVA, sauf cas particulier comme les exportations ou les livraisons intracommunautaires, et si elles sont exercées par un assujetti agissant en tant que tel, qui peut déduire intégralement la TVA.

Le bien ou le service est parfois affecté partiellement à une opération imposable et à une opération non imposable ou hors du champ d'application de la TVA, ce qui limite sa déduction.

 Les règles ont été profondément modifiées depuis 2008 par la mise en place de coefficients dont la combinaison décide la proportion de TVA déductible. Sont particulièrement concernés les assujettis qui réalisent des opérations qui ne sont pas toutes soumises à la TVA.

Quelles sont les règles à suivre pour déduire la TVA ?

Vérifiez que la TVA que vous déboursez est déductible dans tous les cas.

La TVA sur certains biens ou services ne peut pas être déduite.

La déduction est toujours soumise à des conditions.

Quels sont les biens ou services pour lesquels la TVA est déductible ?

La TVA est en principe déductible par l'assujetti si elle porte sur :

- des biens ou des services **utilisés pour la réalisation d'opérations imposables à la TVA** ;
- des biens ou des services nécessaires à l'exploitation et engagés **dans l'intérêt de l'exploitation** ;
- des biens ou des services qui ne sont **pas utilisés pour plus de 90 % à des fins étrangères à l'entreprise,** par exemple pour des besoins privés ;
- des biens ou des services dont la déduction n'est pas interdite par une disposition légale.

Nous verrons que la déduction peut être totale ou partielle selon les situations.

Quels sont les cas d'exclusion de la déduction de la TVA ?

Article 206, V-1-2 de l'annexe II du CGI

Certains produits ou services ne peuvent ouvrir droit à déduction de la TVA.

On peut citer notamment :

- les biens cédés à titre gratuit ou pour une valeur inférieure à leur prix normal ;
- les services liés aux biens exclus ;
- les biens ou services utilisés à plus de 90 % à des fins étrangères de l'entreprise ;
- les dépenses de logement, occasionnel ou permanent, au profit des dirigeants ou salariés de l'entreprise, sauf certaines exceptions (gardiennage, hôteliers, logement sur des chantiers, etc.) ;
- les véhicules de transport de personnes (exception faite des entreprises de transport de voyageurs ou les auto-écoles).

Les produits pétroliers suivent des règles particulières. Les pourcentages de déduction de la TVA sur le gazole ou l'essence sont différents et varient selon l'usage (art. 298 du CGI).

À quel moment peut-on déduire la TVA ?

C'est le même événement, c'est-à-dire en général pour les biens la livraison ou pour les services l'encaissement du prix ou l'écriture de débit selon les cas, qui entraîne l'exigibilité de la TVA chez le fournisseur et qui ouvre droit à déduction chez son client.

 Exemple :

- Au cours du mois de mai, l'entreprise Alpha livre à la société Beta une machine. Le fait générateur et l'exigibilité interviennent aussi en mai.
- Le fournisseur rattache les ventes aux opérations imposables au titre du mois de mai.
- Le client déduit la TVA qui lui est facturée au titre du mois de mai.

Exigibilité et déduction vont de pair.

Vous pouvez exercer votre droit à déduction jusqu'au 31 décembre de la deuxième année qui suit la date d'exigibilité de la TVA. Vous devez porter la TVA déductible sur la déclaration de TVA.

 Pensez à déduire la TVA sur vos dépenses exposées dans le cadre de la création de votre société, qui sont reprises par une assemblée générale ou par les statuts. La TVA est en principe déductible si les dépenses sont récentes et nécessaires à la création de l'activité.

Quelles sont les mentions à respecter?

La TVA déduite doit apparaître sur un document justificatif.

En principe, il s'agit d'une facture relative pour l'achat d'un bien ou une prestation de services. La facture comporte des mentions obligatoires afin d'être conforme.

Le document peut être un document douanier s'il s'agit d'une importation, une déclaration de l'entreprise s'il s'agit d'une livraison à soi-même, ou encore un acte notarié pour les ventes d'immeuble.

 En cas de rectification du montant facturé (avoir, facture impayée, redressement chez le fournisseur, etc.), n'oubliez pas d'en tirer les conséquences sur vos déclarations de TVA.

Vérifiez que les mentions portées sur la facture sont exactes, sous peine d'être privé du droit à déduction. Veillez aussi à l'absence de taxe irrégulièrement facturée, au taux de la TVA qui est appliqué, au nom qui apparaît sur la facture, à la réalité de l'objet de la facture, etc. Si votre fournisseur vous adresse une facture inexacte, votre intérêt est de lui demander une facture rectificative. Une jurisprudence abondante alimente les redressements liés à des factures erronées. Les sanctions sont parfois d'ordre pénal.

Quel est le sort des frais de réception et de déplacement?

Les dépenses de réception, de restauration ou de spectacle ouvrent droit à déduction de la TVA, qu'elles soient engagées au profit de personnes extérieures à l'entreprise ou au profit des membres de personnel, à condition qu'elles soient exposées dans l'intérêt de l'entreprise.

 Pensez à faire indiquer sur les factures de restaurant la dénomination de votre entreprise avec ses coordonnées ainsi que le détail de la TVA, ventilée par taux. Pour les factures inférieures à 150 euros, il est admis que vous notiez vous-même les mentions sur un espace prévu à cet effet. Indiquez-y le nom de vos invités pour mémoire. Ce sujet est plutôt

délicat, car il arrive que les restaurateurs ne soient pas informés suffisamment, notamment en ce qui concerne le calcul et la mention des deux taux de TVA. L'entreprise est aussi amenée à compléter les reçus d'autoroute. Gardez tous les justificatifs utiles en vue d'un éventuel contrôle fiscal.

Exemples :

Quels que soient les moyens utilisés, la TVA ayant grevé les transports de personnes, par exemple, les frais de location d'un véhicule pour le déplacement d'un salarié, ne peut donner lieu à déduction.

La TVA ayant grevé les frais d'hôtel occasionnés lors du déplacement d'un salarié ou d'un dirigeant n'est pas déductible. N'est déductible que la TVA ayant grevé des frais d'hôtel supportés par l'entreprise au profit de tiers, comme ses clients.

Le cas des cadeaux, échantillons et spécimens

La TVA sur un cadeau offert à un client est déductible s'il est fait dans l'intérêt de l'entreprise et s'il est de faible valeur, c'est-à-dire si sa valeur unitaire n'excède pas, actuellement, 60 euros toutes taxes comprises, par année et par bénéficiaire.

Ceci est valable même si l'entreprise fabrique elle-même le produit remis.

La TVA sur les échantillons peut être déductible si le conditionnement de l'échantillon est différent de celui du produit vendu, et si l'échantillon est impropre à la revente, par exemple au moyen de la mention apparente «vente interdite».

Le spécimen, qui a pour objet de faire connaître un produit, peut bénéficier de la déduction de TVA s'il mentionne très clairement «spécimen». En cas de contrôle, l'entreprise doit pouvoir justifier les raisons du nombre de spécimens remis.

Les objets de nature publicitaire peuvent ouvrir droit à déduction si le bénéficiaire joue un rôle dans la commercialisation des produits de l'entreprise qui remet les biens, dont elle assume le coût pour les besoins de son activité.

Entrent dans cette catégorie les objets qui font la promotion des produits comme les enseignes, les présentoirs, etc.

Exemples de TVA non déductible :

* Si votre entreprise achète une voiture pour votre directeur commercial qui va l'utiliser pour des déplacements professionnels, la TVA n'est pas déductible.

* Si votre entreprise prend une chambre d'hôtel pour l'un de vos employés à l'occasion d'un déplacement professionnel, la TVA n'est pas déductible, alors qu'elle l'est sur une chambre d'hôtel réservée pour un client.

* Si votre entreprise loue une voiture afin de transporter un client, la TVA n'est pas déductible.

* Si votre entreprise offre des cadeaux pour une valeur supérieure à 60 euros, la TVA n'est pas déductible.

Comment est déterminé le coefficient de déduction de la TVA ?

Articles 205 et 206 de l'annexe II du CGI

La clé en quelques mots

Ne passez pas à côté de l'application des nouveaux coefficients de déduction.

Ils permettent à l'administration fiscale de vérifier que vous avez fait l'analyse nécessaire pour chaque bien ou service afin de connaître son « prorata » de déduction.

Le coefficient de déduction est en général égal à un.

Il doit toujours être calculé afin de vérifier s'il n'est pas compris entre zéro et un.

Depuis 2008, la TVA est déductible en proportion d'un coefficient de déduction, qui peut varier d'un bien ou service à l'autre. Ce coefficient est le produit de trois coefficients : d'assujettissement, de taxation et d'admission.

Ce coefficient est égal à 100 % c'est-à-dire à un dans beaucoup de cas. Encore faut-il vérifier que chacun des coefficients pris en compte pour le calcul est bien de un. Il suffit qu'un seul des coefficients soit égal à zéro ou compris entre zéro et un, pour que la déduction soit nulle ou partielle.

Coefficient de déduction = coefficient d'assujettissement X coefficient de taxation X coefficient d'admission

Attention, le système du coefficient de déduction s'applique à tous les assujettis, qu'ils soient ou pas entièrement dans le champ d'application de la TVA, et qu'ils utilisent ou pas le bien ou le service concerné pour une opération taxable ou pas.

Si le coefficient de déduction de votre entreprise est de un, elle peut déduire 100 % de la TVA, ce qui est le cas de la majorité des entreprises, sauf circonstances particulières à identifier.
Si le coefficient de déduction de votre entreprise est de 0,5, elle ne peut déduire que 50 % de la TVA payée.
Si le coefficient de déduction de votre entreprise est de zéro, la déduction de TVA est nulle.

Si votre entreprise réalise des opérations nécessitant des calculs fastidieux de coefficients ou de régularisation, vous avez sûrement intérêt à utiliser un logiciel se chargeant de faire les calculs de façon automatisée sur la base des éléments saisis dans votre comptabilité.

Le coefficient d'assujettissement

Le coefficient d'assujettissement détermine l'affectation d'un bien ou d'un service à des opérations imposables.

Souvenez-vous : une opération imposable au sens de la TVA est située dans le champ d'application de la TVA, même si elle est exonérée. On réalise l'importance de la notion du champ d'application précisée au chapitre 3 de la partie I.

La première étape consiste à affecter le bien afin de connaître son coefficient d'assujettissement.

→ Si le bien ou le service est affecté exclusivement à des opérations non imposables ou hors champ de la TVA, par exemple à des besoins privés, le coefficient est de zéro.

→ Si le bien est intégralement affecté à des opérations dans le champ de la TVA, même si elles sont exonérées, le coefficient est de un.

→ Si le bien est affecté en partie à des besoins privés, et en partie à des besoins professionnels pour des opérations imposables, un prorata est établi selon la proportion des opérations imposables.

 Détermination du coefficient d'assujettissement :

* Une entreprise achète une machine pour un prix de 10 000 €, avec une TVA de 1 960 €.

* Elle décide d'affecter cette machine à un usage professionnel 80 % du temps et à un usage privatif 20 % du temps.

* Le coefficient d'assujettissement est de 80/100, c'est-à-dire de 0,8.

* Si les autres coefficients sont égaux à un, le coefficient de déduction est de 0,8 x 1 x 1, c'est-à-dire de 0,8.

* Elle ne peut donc déduire que 0,8 de 1 960 €, c'est-à-dire 1 568 €, au lieu de 1 960 €.

Bien que le coefficient soit en principe calculé pour chaque bien ou service, il est possible, sous conditions de justification, de déterminer un coefficient d'assujettissement forfaitaire unique pour l'ensemble des biens et services de l'entreprise.

Le coefficient de taxation

Il s'agit ensuite de regarder si le bien ou le service en cause est utilisé intégralement pour des opérations ouvrant droit à déduction ou pas.

Coefficient égal à zéro ou à un

Si le bien ou le service est intégralement utilisé pour des **opérations ouvrant droit à déduction**, le coefficient est de un.

Si le bien ou le service n'est pas du tout utilisé pour des opérations ouvrant droit à déduction, le coefficient est de zéro.

Coefficient compris entre zéro et un

Si le bien ou le service est utilisé à la fois pour des opérations ouvrant droit à déduction et des opérations n'ouvrant pas droit à déduction, c'est-à-dire de façon mixte, on détermine un coefficient forfaitaire de taxation, c'est-à-dire un «prorata» de taxation.

Ce coefficient est déterminé, en principe par bien ou service, par le rapport suivant :

→ Numérateur : total du chiffre d'affaires annuel hors TVA ouvrant droit à déduction.

→ Dénominateur : total du chiffre d'affaires annuel hors TVA des opérations imposables.

Ouvrent droit à déduction, en principe et notamment :

- les opérations soumises à la TVA;
- certaines opérations dans le champ de la TVA mais exonérées, et visées expressément par les textes (par exemple, exportations et livraisons intracommunautaires, services liés aux échanges intracommunautaires);
- les transports internationaux, certaines opérations effectuées selon un régime suspensif de suspension de taxes.

N'ouvrent pas droit à déduction, en principe et notamment :

- les opérations hors du champ d'application de la TVA;
- les opérations dans le champ d'application mais exonérées, en l'absence de disposition contraire.

 Les subventions ne sont pas prises en compte dans le calcul. Attention, n'ayez pas d'*a priori* : en cas de facturation à tort par le fournisseur de la TVA sur une opération qui n'est en définitive pas taxable, la TVA n'est pas pour autant déductible.

 Votre entreprise perçoit un chiffre d'affaires qui se décompose ainsi :

- location de bureaux soumise à la TVA 15 000 € ;
- formation professionnelle exonérée de TVA : 4 000 € ;
- recettes financières exonérées de TVA : 1 000 €.

On porte au numérateur 15 000 € et au dénominateur 20 000 €.

Le coefficient de taxation est donc de 0,75.

Si les autres coefficients sont égaux à un, le coefficient de déduction est égal à 1 x 0,75 x 1, c'est-à-dire à 0,75.

Si ses dépenses sont de 10 000 € avec une TVA de 1 960 €, la TVA déductible est égale à 1 470 € au lieu de 1 960 €.

Bien que le coefficient soit en principe calculé pour chaque bien ou service, il est possible de déterminer un coefficient de taxation unique pour l'ensemble des biens et services de l'entreprise, calculé de façon forfaitaire.

Quelles sont les difficultés liées aux produits financiers ?

Les entreprises qui perçoivent des produits financiers sont soumises à des règles particulières qui limitent les possibilités de déduction.

 Cette restriction peut concerner de nombreuses entreprises, opérationnelles ou pas, qui détiennent des titres d'autres sociétés, que les filiales soient nombreuses ou pas. L'existence d'un groupe, même constitué par seulement deux sociétés, entraîne la remontée de dividendes vers la société holding qui perçoit alors des produits financiers. En cas de mise en place d'une convention de trésorerie autorisant les prêts à l'intérieur du groupe, des intérêts sont perçus par la société qui prête. Des cessions de titres peuvent intervenir. Il s'agit d'opérations financières. Il convient d'en mesurer les incidences sur le coefficient de déduction afin de mettre en place des outils de gestion adaptés avant que l'administration fiscale n'opère des redressements à l'occasion d'un contrôle fiscal. Ce sujet est abordé en détail plus loin dans le chapitre 1, consacré aux sociétés holding, de la septième partie « Pour en savoir plus ».

a) Les produits exclus ou pas du champ d'application de la TVA

Tous les produits financiers ne sont pas traités de façon identique du point de vue de la TVA.

La perception de dividendes n'entre pas dans le champ d'application de la TVA.

La vente de titres est également hors champ, sauf si elle est réalisée dans le prolongement d'une activité commerciale de négociation de titres.

Les intérêts perçus par une entreprise sont en principe situés dans le champ d'application de la TVA et exonérés.

b) Les incidences sur le coefficient de taxation

Les opérations hors du champ d'application de la TVA ne sont pas prises en compte dans le coefficient. Les dividendes sont donc exclus du coefficient, tant au numérateur qu'au dénominateur.

Les opérations dans le champ d'application de la TVA sont prises en compte pour le calcul du coefficient.

La plupart des produits financiers, bien que dans le champ de la TVA, sont exonérés, en conséquence de quoi, ils n'apparaissent pas au numérateur, mais sont présents au dénominateur, ce qui produit un effet défavorable sur le coefficient de taxation.

c) Comment bénéficier de la tolérance applicable aux opérations financières accessoires ?

Article 206, III-3-3e –b de l'annexe II du CGI

Par tolérance légale, les opérations financières accessoires sont exclues du calcul du coefficient.

Il s'agit des opérations financières en lien avec l'activité principale de l'entreprise, et dont la réalisation nécessite l'utilisation de 10 % maximum des biens et services acquis par l'entreprise.

Pour calculer le pourcentage d'utilisation des biens et services pour ces opérations, on peut s'appuyer sur la durée d'utilisation, les surfaces employées, etc. Cela peut être fastidieux.

Dans un souci de simplification, l'administration fiscale accepte aussi cette exclusion si les produits des opérations financières n'excèdent pas 5% du chiffre d'affaires total TTC de l'entreprise.

Attention aux restrictions possibles de déduction de la TVA pour toutes les sociétés ayant une activité de holding, pure ou mixte. Voir sur ce point le passage qui en traite dans le chapitre 1 de la septième partie «Pour en savoir plus».

Le coefficient d'admission

Le coefficient d'admission prend en compte les exclusions de la déduction expressément prévues par la loi.

Il est en général égal à un.

Il est de zéro en cas d'exclusion totale, et varie de zéro à un en cas d'exclusion partielle.

Il convient de le calculer afin de pouvoir justifier la déduction de TVA auprès de l'administration.

Les textes excluent totalement :

- l'utilisation privative d'un bien ou service supérieure à 90% ;
- les dépenses de fourniture de logement pour le dirigeant ou les employés (exceptions possibles sur les chantiers) ;
- les biens rémunérés par un prix très inférieur au prix normal (exceptions pour les biens de très faible valeur ou de valeur unitaire inférieure à 60 euros TTC, et pour les objets publicitaires) ;
- les services de transport de personnes ;
- les véhicules de transport de personnes (exceptions possibles pour le transport public, les taxis, certains véhicules spéciaux, etc.) ;
- les services relatifs à des biens exclus de la déduction ;
- les opérations taxées sur la marge, etc.

Attention, le coefficient d'admission est égal à zéro pour la TVA relative à l'achat d'une voiture.

Le coefficient de déduction

Il existe deux formules indispensables :

TVA déductible = TVA d'amont × coefficient de déduction
Coefficient de déduction = coefficient d'assujettissement × coefficient de taxation × coefficient d'admission

Le coefficient de déduction se calcule pour chaque bien ou service. Dans la majorité des cas, il est égal à un. Il est inférieur à un toutes les fois qu'un bien ou service est utilisé pour des opérations non imposables et/ou pour des opérations n'ouvrant pas droit à déduction et/ou est visé par un texte excluant la déduction.

Il est prudent de vérifier ce qu'il en est pour votre entreprise. Déterminez-le dans tous les cas, même si vous réalisez des opérations intégralement taxables. Il peut évoluer. Vous calculez d'abord un coefficient provisoire, puis, en principe avant le 25 avril de l'année suivante, vous déterminez le coefficient définitif.

Quand créer un secteur distinct d'activité ?

La clé en quelques mots

La création de secteurs distincts d'activité concerne les entreprises qui ont plusieurs activités qui ne sont pas toutes imposées à la TVA.

Elle permet de mieux gérer la déduction de la TVA.

Les sociétés holdings sont en particulier concernées.

Lorsqu'un redevable exerce plusieurs activités ne relevant pas des mêmes dispositions en matière de TVA, il peut ventiler ses activités dans des « secteurs distincts d'activité ».

Cela permet de traiter différemment chaque activité selon les dispositions la concernant, et de gérer et sécuriser la déduction de la TVA pour les activités en bénéficiant. Si toutes les opérations ouvrent droit à déduction, cela n'est pas nécessaire.

La création de secteurs distincts d'activité nécessite de prévoir un suivi comptable par secteur. Les coefficients sont calculés au sein de chaque secteur.

Certaines activités requièrent la création de secteurs distincts d'activités, ainsi par exemple la location d'immeubles nus à usage professionnel et imposés sur option.

Cette création peut présenter un intérêt certain quand la majorité des dépenses soumises à TVA relève d'un secteur taxable à la TVA qui offre donc la possibilité de la déduire intégralement.

 Il est conseillé de mener une analyse sur le meilleur choix à opérer selon les possibilités données par les textes. Cette question est sensible pour les sociétés holdings ayant une activité. N'oubliez pas de remplir les obligations déclaratives relevant de la création de secteurs distincts. Veillez à la nécessaire cohérence entre les activités et les dépenses qui y sont affectées. Ce sujet est abordé de façon plus précise, et en liaison avec le sujet de la taxe sur les salaires dans la septième partie de ce guide, « Pour en savoir plus », sur le régime des holdings (chapitre 1).

Dans quels cas faut-il régulariser la déduction initiale ? 79

La clé en quelques mots

La déduction de la TVA est en principe définitive.

Cependant dans certains cas, une régularisation est nécessaire. Il existe deux types de régularisation liés à la variation du coefficient de déduction :

- la régularisation annuelle lorsque le coefficient de déduction varie dans le temps ;
- la régularisation globale lorsqu'un événement change l'affectation du bien.

La déduction doit également être corrigée en cas d'opération annulée ou impayée, ou faisant l'objet d'une remise.

La déduction de la TVA doit être régularisée d'une part annuellement lorsque le coefficient de déduction varie ; d'autre part ponctuellement lorsque la vente de certains biens immobilisés intervient dans un délai allant de cinq à vingt ans selon qu'il s'agit d'un bien meuble ou immeuble.

La régularisation annuelle du coefficient provisoire avec le coefficient définitif

Le coefficient de déduction qui a été adopté une année donnée peut être provisoire.

Ce coefficient peut en effet varier selon la vie de l'entreprise. S'il diffère d'un dixième par rapport à celui retenu l'année de référence, une régularisation doit être opérée avant le 25 avril de l'année suivante.

La régularisation est annuelle. Elle peut entraîner un versement complémentaire de TVA ou au contraire un reversement par le Trésor public.

 Exemple de variation du coefficient de déduction :

* L'entreprise Jupiter achète le 1er avril 2011 une machine pour un prix hors taxes de 100 000 €.

* La TVA payée est de 19 600 €.

* Lors de son acquisition, le coefficient de déduction est de 0,5 : l'entreprise déduit sa TVA selon ce coefficient, soit 19 600 x 0,5 = 9 800 €.

* Avant le 25 avril de l'année qui suit, elle recalcule son coefficient de déduction selon l'utilisation réelle de la machine.

* Ce coefficient est passé de 0,5 à 0,8.

* Elle opère donc un complément de déduction afin d'obtenir 19 600 x 0,8 = 15 680 € de déduction totale, soit 5 880 € de déduction complémentaire.

 Si le bien est utilisé de façon différente durant l'année, l'entreprise fait une moyenne pondérée pour calculer le coefficient définitif.

Les événements générant une régularisation globale du coefficient de référence

En principe, la déduction de TVA est définitive. Elle peut pourtant être remise en cause à l'occasion d'événements qui interviennent dans un certain délai après la déduction. L'entreprise peut alors devoir reverser une partie de la TVA déduite.

Lors de l'acquisition d'un bien immobilisé, l'entreprise calcule un coefficient de déduction de référence qui est le produit des coefficients d'assujettissement, de taxation et d'admission de référence.

Si aucun événement nouveau n'intervient, le coefficient de référence est définitif.

Certaines opérations peuvent faire perdre au bien l'usage qui était prévu pour justifier la déduction de TVA. Le coefficient de référence doit alors être régularisé.

Parmi les événements susceptibles de modifier le coefficient de référence, on peut citer le transfert d'un bien entre secteurs d'activités, une modification des textes applicables, l'utilisation du bien pour des opérations imposables n'ouvrant pas droit à déduction ou pour des opérations non imposables, et inversement.

La régularisation du coefficient de référence peut intervenir pendant une période de cinq ans pour les biens meubles immobilisés dont celle au cours de laquelle ils ont été acquis, importés, achevés, utilisés pour la première fois ou transférés entre secteurs d'activité. Ce délai est porté à vingt ans pour les immeubles immobilisés.

 Si l'un des biens de votre entreprise qui a ouvert droit à déduction disparaît, par exemple à la suite d'un vol, veillez à régulariser la TVA déduite.

La régularisation des opérations résiliées, annulées ou impayées

Comme indiqué dans le premier chapitre de cette deuxième partie, lorsqu'il reçoit une note d'avoir ou une facture rectificative de la part de son fournisseur qui veut récupérer la TVA indûment reversée, **le client rectifie de son côté le montant de la déduction initiale de la TVA indiquée sur la note d'avoir ou sur la facture de remplacement émise, compte tenu d'une opération impayée, annulée, ou résiliée.**

Chapitre 3

TVA à payer ou crédit de TVA ?

La clé en quelques mots

La TVA à payer résulte d'une TVA facturée supérieure à celle payée sur les dépenses.

Dans le cas contraire, le crédit de TVA qui apparaît peut être soit imputé sur la prochaine TVA due, soit remboursé sur demande expresse de l'entreprise.

N'hésitez pas à vous faire rembourser la TVA exposée dans un autre pays de l'UE. La procédure est désormais simplifiée et automatisée.

Dans quels cas doit-on régler de la TVA ?

Lorsqu'elle fait sa déclaration de TVA, l'entreprise doit calculer le montant de la TVA à payer au Trésor public. Pour cela, elle procède à la soustraction suivante :

TVA à payer = TVA collectée - TVA déductible

Si le résultat de la différence entre la TVA collectée et la TVA déductible est positif, c'est-à-dire si la TVA collectée sur le chiffre d'affaires est supérieure à la TVA dépensée, l'entreprise règle la TVA nette au Trésor public avec le dépôt de sa déclaration.

La date de reversement de la TVA varie selon le type d'opération et la date d'exigibilité, comme indiqué au quatrième chapitre la première partie.

Les modes de paiement possibles sont par remise d'espèces, par chèque ou par virement. Vérifiez cependant que vous n'êtes pas dans l'un des cas de télépaiement obligatoire abordés au chapitre 1 sur le régime du réel normal, dans la cinquième partie.

À suivre : à compter du 1er janvier 2012, il existera une possibilité d'opter pour la consolidation du paiement de la TVA au sein d'un groupe de sociétés.

Comment utiliser le crédit de TVA ?

La clé en quelques mots

Le crédit de TVA peut être imputé sur la TVA due ou remboursé sur demande de l'entreprise.

Si le résultat de la différence entre la TVA collectée et la TVA dépensée est négatif, c'est-à-dire si l'entreprise n'a pas perçu de recettes imposables à la TVA supérieures à ses dépenses soumises à la TVA, elle dispose d'un crédit de TVA. Cela concerne par exemple les entreprises exportatrices.

Quelles sont les possibilités d'imputation ?

L'entreprise peut imputer ce crédit de TVA sur la TVA exigible le mois d'après et, le cas échéant, les mois suivants. Il n'y a pas de limitation à la durée du report qui est possible jusqu'à l'imputation totale de la TVA déductible. L'entreprise peut aussi choisir de demander le remboursement du crédit de TVA, ce qui peut être préférable du point de vue de la trésorerie de l'entreprise si le crédit est important et/ou récurrent.

 Pensez que crédit de TVA peut aussi être imputé sur une échéance d'un autre impôt professionnel.

Comment en obtenir le remboursement?

L'entreprise demande expressément le remboursement de son crédit de TVA.

 Si vous demandez le remboursement du crédit de TVA, n'omettez pas de le retirer de la TVA déductible dès le dépôt de la demande.

Le remboursement est en principe annuel. Il est intégral à condition que son montant soit au moins égal à 150 euros.

Il existe une possibilité de remboursement mensuel ou trimestriel pour les entreprises qui déposent des déclarations mensuelles ou trimestrielles avec un montant de crédit minimum de 760 euros.

Pour que le crédit soit remboursé, l'entreprise doit en faire la demande sur un imprimé spécial N° 3519, reproduit en fin d'ouvrage en annexe, auquel est jointe la copie de la dernière déclaration CA3. Le remboursement annuel est demandé au cours du mois de janvier de l'année suivante. Les demandes de remboursements mensuels ou trimestriels sont déposées avec les déclarations CA3 mensuelles ou trimestrielles.

 La première demande de remboursement de crédit de TVA a de fortes chances d'entraîner un contrôle sur la TVA. Elle est elle-même considérée comme une réclamation contentieuse. Cela signifie qu'en cas de rejet un recours est possible devant le tribunal administratif dans les deux mois du rejet. Les entreprises nouvelles joignent à leur première demande le relevé des factures d'achats. Une caution peut être demandée par l'administration fiscale.

Dans certaines circonstances exceptionnelles, l'administration peut accorder un dégrèvement d'office si l'entreprise n'a pas pu déposer sa demande de remboursement dans les délais ou n'a pas pu utiliser son crédit. Cela repose alors sur son bon vouloir.

Les entreprises qui réalisent des opérations relevant du commerce extérieur exonérées peuvent adopter une procédure particulière qui ne requiert pas un montant minimum. Sont concernées les entreprises pouvant justifier d'exportations ou de livraisons intracommunautaires. La périodicité du remboursement est en principe plus rapide, puisque ces entreprises peuvent demander un remboursement mensuel, limité à la taxe calculée fictivement sur le montant des exportations du mois. La demande est faite sur le même imprimé 3519. L'intérêt pratique est limité si l'entreprise dépose des déclarations CA3 mensuelles.

Quelles sont les obligations déclaratives?

Rappelons que votre entreprise a déposé une déclaration d'existence dans les quinze jours du commencement de son activité. Pensez à réactualiser votre dossier si les conditions d'exercice sont modifiées. En cas de cessation de votre entreprise, déclarez-la dans un délai de trente jours.

L'entreprise dépose tous les mois une déclaration CA3 faisant apparaître avec exactitude le détail des opérations avec le taux applicable, le montant de la TVA déductible et le montant de la TVA exigible ou du crédit de TVA.

La déclaration est déposée le mois suivant celui au cours duquel les opérations générant une TVA à payer ou un crédit de TVA ont été effectuées. L'impôt correspondant est réglé lors du dépôt de la déclaration.

Comment se faire rembourser la TVA exposée dans un autre pays membre de l'UE?

Directive 2008/9/CE, Instruction 3 D-2-10 du 29 juillet 2010

Depuis le 1er janvier 2010, une nouvelle procédure est en place afin de permettre aux entreprises d'obtenir le remboursement de la TVA payée dans un État membre de l'UE.

Elle est issue de la directive 2008/9/CE, qui a introduit la dématérialisation. Cela devrait simplifier les formalités et accélérer les délais de traitement des demandes. Les entreprises s'adressent directement aux autorités compétentes de leur État d'établissement en passant par un portail électronique accessible à partir de l'espace «abonné» de la rubrique «Professionnels» du site www.impots.gouv.fr. C'est le système qui contrôle les données saisies et qui transmet directement à l'État concerné. Depuis fin août 2010, l'entreprise peut rattacher directement le relevé des achats/importations sous forme de fichier XLM produit par son logiciel de comptabilité. La demande de remboursement est ensuite transmise par l'administration fiscale à l'État membre concerné.

Les entreprises françaises n'ont plus en principe à fournir d'attestation d'assujetti, sauf dans certains cas, en particulier lorsqu'on la leur demande dans le cadre des relations commerciales ou administratives. L'imprimé 3558-SD, présenté en annexe, vous permet d'attester de votre qualité d'assujetti à la TVA en France auprès des administrations fiscales étrangères ou des fournisseurs étrangers.

De la même façon, les entreprises étrangères non établies en France utilisent le portail électronique mis à disposition par l'administration de leur État d'établissement.

Le remboursement peut être demandé jusqu'au 30 septembre en principe de l'année qui suit celle au cours de laquelle le droit à déduction est né.

 Si vous n'obtenez pas le remboursement dans les délais prévus, vous pouvez demander des intérêts moratoires.

Partie 3

La territorialité de la TVA

Les entreprises françaises réalisent des opérations économiques à l'étranger, que ce soit au sein de l'UE ou du reste du monde. Il convient alors de s'interroger sur le traitement fiscal de ces opérations. Les règles de TVA dépendent en général de la nationalité du client, et du lieu de réalisation des services ou de livraisons des biens. Dans certains cas, en particulier hors UE, il est opportun de s'interroger sur les textes en vigueur, ainsi que sur les pratiques locales.

En matière de commerce international, la TVA n'est pas toujours facturée par le fournisseur, ce qui ne signifie pas qu'elle n'est pas due par le client. Il doit se demander s'il ne convient pas de payer spontanément la TVA, c'est-à-dire l'autoliquider sur sa déclaration de TVA. Même si la TVA autoliquidée est intégralement déductible, elle doit être déclarée. Le défaut de déclaration entraîne une majoration de 5 %.

La France et l'outre-mer

La clé en quelques mots

Les opérations réalisées en France suivent les règles de droit français.

Les opérations réalisées sur le territoire français au sens de la TVA sont imposables à la TVA si elles entrent dans le champ d'application de la TVA française. Sont visés la France continentale, la Corse, la principauté de Monaco, les eaux territoriales et le plateau continental.

La Corse bénéficie d'un allégement de certains taux. Les transports entre la France continentale et la Corse sont exonérés de TVA.

Les DOM sont considérés comme des territoires d'exportation. Des règles particulières sont applicables pour les prestations de services selon qu'elles sont réalisées pour des preneurs assujettis ou pas. Il existe des taux et des exonérations spécifiques selon les départements d'outre-mer qui ne sont pas décrits dans ce guide. Il convient d'examiner en détail ces règles si l'on souhaite y exercer une activité économique.

Retenons que la Guyane n'applique actuellement pas la TVA.

Chapitre 2

Quelles questions se posent pour les opérations au sein de l'UE ?

Directive 2008/8/ CE du 12 février 2008

La clé en quelques mots

Pour les opérations à l'intérieur de l'UE, les numéros intracommunautaires de votre entreprise et de votre partenaire économique sont requis, sous peine de ne pouvoir bénéficier des exonérations.

Les directives européennes ont établi des règles précises afin de répartir l'attribution de la TVA entre les États.

Le traitement fiscal de vos opérations n'est pas le même pour les opérations avec les pays de l'UE et les pays du reste du monde : pour les opérations sur les biens au sein de l'UE, on parle de livraisons ou d'acquisitions intracommunautaires ; pour les opérations avec les pays du reste du monde, on parle d'importations ou d'exportations.

Les prestations de services suivent des règles différentes selon leur nature et la qualité d'assujetti, ou pas, du client. Elles sont soumises à de nouvelles règles depuis 2010.

Dans la mesure où le fournisseur et le client sont situés dans deux États membres différents, la question est de savoir quel pays va capter la taxation à la TVA. Les directives européennes ont apporté des réponses qui ont été codifiées par le droit local de chaque pays, et que l'on retrouve en France dans le CGI. Lorsque l'on invoque une exonération, on peut se référer à la directive européenne ou à l'article du CGI l'ayant transposée.

Une réforme importante est intervenue le 1er janvier 2010 pour les prestations de services réalisées à l'intérieur de l'UE. Les principes posés ont pour objet de simplifier les règles. En réalité les exceptions sont nombreuses.

Comme habituellement en fiscalité, il est prudent de vérifier si votre cas ne s'écarte pas des grandes lignes. Sur ce sujet technique, un conseil en amont peut être opportun afin de ne pas accumuler les risques de redressement, dont l'addition pourrait être douloureuse.

Pourquoi obtenir un numéro intracommunautaire?

La clé en quelques mots

N'oubliez pas de réclamer votre numéro intracommunautaire auprès de votre service des impôts et de le mentionner sur vos factures.

Les entreprises assujetties redevables de la TVA à l'intérieur de l'UE sont identifiées par un numéro national de treize caractères.

Ce numéro figure notamment sur les factures, sur les déclarations d'échanges de biens et de services, et sur les déclarations de TVA. Il diffère d'un pays à l'autre.

Pour les entreprises françaises, il est composé du code pays FR indiqué en préfixe, d'une clé informatique à deux chiffres, et du numéro SIREN à neuf chiffres de l'entreprise.

Ce numéro est communiqué par l'organisme compétent selon la forme de l'entreprise lors des formalités de création de l'entreprise : chambre de commerce, greffe du tribunal de commerce, Urssaf, etc. Il est obtenu auprès du service des impôts.

 Si votre entreprise exerce une activité dans un autre État membre de l'UE, il se peut que vous ayez à vous identifier dans cet État pour les besoins de la TVA, même si votre activité ne remplit pas les conditions pour entraîner la création d'un établissement stable, c'est-à-dire d'une structure imposable sur les bénéfices.

N'oubliez pas de demander son numéro à votre partenaire économique, client ou fournisseur. Il peut être opportun de vérifier ce numéro sur le site http://ec.europa. eu/taxation_customs/vies/. Cela permet de sécuriser votre facturation, et le cas échéant de faire compléter son dossier par votre partenaire.

Certains organismes bénéficient d'un statut particulier. Si votre client prétend être dans ce cas pour ne pas fournir son numéro intracommunautaire, n'hésitez pas à lui demander le justificatif officiel de son régime dérogatoire ou de vérifier auprès d'un conseil local le statut de ce client au regard de la TVA. Ce sujet est courant pour les opérations avec certains organismes publics ou organisations internationales.

Quels sont les vingt-sept États membres de l'UE et leur code pays ?

La liste ci-dessous recense les États membres de l'UE avec leur code pays :

- Allemagne DE ;
- Autriche AT ;
- Belgique BE ;
- Bulgarie BG ;
- Chypre CY ;
- Danemark DK ;
- Espagne ES ;
- Estonie EE ;
- France FR ;
- Finlande FI ;
- Grèce GR ;
- Hongrie HU ;
- Irlande IE ;
- Italie IT ;
- Lettonie LV ;
- Lituanie LT ;
- Luxembourg LU ;
- Malte MT ;
- Pays-Bas NL ;
- Pologne PL ;
- Portugal PT ;
- République tchèque CZ ;
- Royaume-Uni GB ;
- Roumanie RO ;

- Slovaquie SK ;
- Slovénie SI ;
- Suède SE.

 Certains territoires sont exclus de cette liste au regard de la TVA, par exemple pour la France, les territoires d'outre-mer (TOM) ou les départements d'outre-mer (DOM), et considérés comme des pays tiers.

Quel est le régime applicable aux échanges de biens au sein de l'UE ?

La clé en quelques mots

La TVA applicable dépend du lieu de livraison et du statut d'assujetti ou pas du client.

Si le lieu de livraison est en France, l'opération est normalement passible de la TVA française.

L'opération de livraison est en principe située en France lorsque les biens sont expédiés ou transportés à partir de la France sauf en cas de livraison intracommunautaire ou d'exportation.

Qu'est-ce qu'une livraison ou une acquisition intracommunautaire ?

En cas de livraison au sein d'un autre État de l'UE d'un bien qui part de France, on parle de livraison intracommunautaire. Le terme exportation est réservé aux livraisons dans les pays hors UE. De façon symétrique, si un bien provient d'un autre État de l'UE et est livré en France, on ne parle pas d'importation, mais d'acquisition intracommunautaire.

Quelles sont les particularités de ces opérations au regard de la TVA ?

Cas général

a) Livraisons intracommunautaires

Lorsque le client d'un autre État de l'UE est identifié par son numéro intra-communautaire, la livraison intracommunautaire à titre onéreux d'un bien est exonérée de TVA française au départ de la France et taxée dans le pays de destination.

Si le client est un particulier ou ne fournit pas son numéro intracommunautaire, la TVA française est due.

b) Acquisitions intracommunautaires

Si l'entreprise cliente française est identifiée à la TVA par son numéro intra-communautaire, l'acquisition intracommunautaire à titre onéreux d'un bien est taxée en France.

Si le client français ne fournit pas son numéro ou est un particulier, son fournisseur établi dans un autre État de l'UE doit appliquer la TVA du pays de départ.

 Dans les cas où la TVA n'apparaît pas sur la facture que vous recevez en tant que client, vous devez vous demander si vous ne devez pas payer spontanément cette TVA. On parle d'autoliquidation. La TVA autoli-quidée est déductible dans les conditions de droit commun.

Le défaut d'autoliquidation entraîne une sanction spécifique, c'est-à-dire une péna-lité de 5 %, même si en réalité, le Trésor public ne subit aucun préjudice quand la TVA est intégralement déductible.

Les ventes à distance de biens

Article 258 A et B du CGI

Rappelons que le principe général est la taxation dans le pays de l'acheteur s'il a fourni son numéro intracommunautaire, ou dans le pays du vendeur dans le cas contraire.

Les ventes à distance de biens sont des livraisons par un assujetti de la France vers un autre État membre de l'UE, ou inversement. L'objet de la livraison est un bien expédié ou transporté par le vendeur à destination d'un particulier ou d'une personne bénéficiant du régime dérogatoire dit PBRD, par exemple une personne morale non assujettie.

Par dérogation au principe ci-dessus rappelé, selon les dispositions des articles 258 A et B du CGI, la taxation peut être localisée en France ou dans l'autre État selon le chiffre d'affaires relatif à ces ventes.

En dessous du seuil, le lieu de livraison et de taxation est réputé être l'État de départ. Cela rejoint les règles de droit commun, puisqu'il s'agit de l'État du vendeur quand l'acheteur n'a pas fourni son numéro intracommunautaire.

Au-dessus du seuil, le lieu de livraison et de taxation est réputé être l'État d'arrivée.

Le montant du seuil varie selon les États. Pour les livraisons en France, le montant du seuil est de 100 000 euros.

Les ventes à distance se développent avec les sites Internet de vente par correspondance. Elles ne visent pas les moyens de transport neufs.

 Selon le volume des ventes à distance de votre entreprise, elle peut devoir s'enregistrer à la TVA dans le pays de livraison afin d'y accomplir ses obligations.

Quelles précautions prendre pour vos opérations intracommunautaires ?

La facture doit impérativement porter certaines mentions spécifiques qui sont précisées dans la quatrième partie de cet ouvrage.

 Il est essentiel de conserver dans votre dossier un justificatif non discutable de l'expédition ou du transport du bien de l'État de départ vers l'autre État membre : Facture du transporteur, contrat précisant le lieu de livraison avec document de transport, De nombreux redressements se basent sur l'absence de tels justificatifs. En cas de doute, le fournisseur français a intérêt à appliquer la TVA.

Le vendeur doit également s'assurer que le client a une activité réelle.

Les échanges de biens sont répertoriés sur la déclaration d'échange de biens (DEB), qui est remise chaque mois au service des douanes sur support papier ou informatique. Le niveau des informations communiquées varie selon le volume des échanges. Il est recommandé de veiller à la cohérence entre les déclarations de TVA et la DEB. Les possibles incohérences sont elles aussi sources de nombreux redressements.

Comment identifier et traiter les opérations triangulaires ?

Une opération triangulaire est une opération dans laquelle un assujetti A, identifié dans un État membre I de l'UE, vend un bien à un assujetti B, établi dans un État membre II, qui revend ce bien à un client C identifié dans un autre État membre III, le bien étant directement expédié ou transporté de l'État membre I à l'État membre III.

Afin de simplifier le circuit de TVA, il est admis que, sur option, l'acheteur-revendeur dans le deuxième État, soit dispensé du paiement de la TVA. Seul le client C est redevable de la TVA dans l'État III.

 Exemple :

* Une entreprise française vend une machine à une entreprise italienne qui la revend à une entreprise allemande. La machine est livrée directement de la France vers l'Allemagne. La facturation intervient de la France vers l'Italie, et de l'Italie vers l'Allemagne, mais le transport ne se fait que de la France vers l'Allemagne.

* En l'absence de règles spécifiques, la TVA serait appliquée une première fois en Italie pour y être ensuite récupérée par le client italien, puis une seconde fois en Allemagne lors de la seconde livraison.

* Sur option, l'entreprise italienne peut être dispensée du paiement de la TVA. Seul le client allemand est redevable de la TVA en Allemagne.

* Pour bénéficier de ce régime, il convient de respecter certaines conditions ; en particulier, les trois entreprises doivent être identifiées à la TVA et l'entreprise B ne doit être établie ni dans l'État I ni dans l'État II. Des mentions particulières sont prévues sur les factures «Application de l'article 141 de la directive 2006/112CE modifiée». Le client B réalise une acquisition intracommunautaire dans l'État C.

 En cas de doute, il est conseillé de suivre le circuit habituel.

Quelles sont les particularités des prestations de services à l'intérieur de l'UE ?

Articles 259 à 259 D du CGI

> ### *La clé en quelques mots*
>
> Le lieu de taxation des prestations de services rendues à l'intérieur de l'UE dépend de la qualité ou pas d'assujetti du client et de la nature des services rendus.
>
> Un formalisme particulier est à respecter.

De nouvelles règles concernant le lieu de taxation des services rendus dans un État de l'UE sont entrées en vigueur depuis le 1ᵉʳ janvier 2010.

Quel est le jargon employé par les nouvelles règles ?

De nouveaux termes côtoient ceux déjà employés.

- **Assujetti** : personne qui accomplit des opérations entrant dans le champ d'application de la TVA, que les opérations réalisées y soient effectivement soumises ou qu'elles bénéficient d'une exonération.
- **Autoliquider** : payer spontanément la TVA au Trésor public et la récupérer sur la déclaration de TVA CA3 sans qu'elle ait été facturée par le fournisseur.
- **Lieu d'établissement** : siège de l'activité économique, ou établissement stable, ou domicile. Cette notion peut être délicate en pratique. En cas de doute, elle peut devoir être précisée par un avocat fiscaliste.
- **Opération B to B** : c'est-à-dire *Business to Business* ou d'un prestataire assujetti vers un preneur assujetti.
- **Opération B to C** : c'est-à-dire *Business to Consumer* ou d'un prestataire assujetti vers un preneur non assujetti.
- **Preneur** : le preneur d'une prestation de services est le client.

Quels sont les nouveaux principes ?

Deux principes simples du lieu de taxation sont dégagés :

→ **Pour les prestations *B to B*, le lieu de taxation est celui de l'établissement du preneur, qui autoliquide la taxe.**

→ **Pour les prestations *B to C*, le lieu de taxation est celui de l'établissement du prestataire.**

Ces principes connaissent des dérogations, notamment pour les prestations immatérielles.

Quid des opérations *B to B*, ou entre assujettis ?

Le principe est désormais qu'entre assujettis, le lieu de taxation des prestations de services est celui de l'établissement du preneur, c'est-à-dire du client direct. De manière générale, cela touche les opérations entre entreprises.

Si le preneur est établi dans l'UE, il doit autoliquider la TVA sur sa déclaration de TVA si le prestataire est établi dans un autre État membre. Le prestataire établit une facture avec les mentions obligatoires et sans TVA. Il doit en outre déposer une « déclaration européenne des services » (DES) mentionnant les services pour lesquels le client a autoliquidé la TVA.

À titre dérogatoire, certaines prestations limitatives, peuvent ne pas être soumises à la TVA en France si elles sont utilisées hors de l'UE. Sont par exemple visées expressément les prestations de transport de marchandises. On regarde la distance parcourue hors de l'UE ou le lieu d'exécution matérielle de la prestation afin d'apprécier les conditions d'application de cette dérogation.

Quid des opérations *B to C*, ou entre un assujetti et un non-assujetti ?

Le principe du lieu de taxation demeure celui de l'établissement du prestataire pour les relations entre un prestataire assujetti et un preneur non assujetti. De manière générale, cela concerne les relations entre une entreprise et un particulier.

 Comme habituellement, les principes sont accompagnés de leur lot d'exceptions qu'il est prudent de vérifier. Il est également conseillé de consulter le détail des textes et de la doctrine administrative dès que l'on s'écarte des cas courants.

Quelles sont les particularités de certaines prestations de services?

Le sujet des prestations de services à l'intérieur de l'UE donnait lieu à de nombreux redressements sous le régime applicable avant 2010. Par exemple, qui n'a pas oublié d'autoliquider en France la TVA sur une facture d'avocat anglais qui ne mentionnait pas de TVA?

Il était prudent de mettre en place des filtres dans le système comptable afin d'identifier automatiquement une TVA à autoliquider selon la qualification des services achetés dans l'UE. Il est conseillé de procéder de même avec les nouvelles règles, et bien entendu de mettre à jour les systèmes comptables déjà en place.

Quelles sont les dérogations pour les opérations *B to B*?

→ Ventes à consommer sur place : elles sont taxées en France (ou dans l'État membre) si elles sont exercées ou matériellement exécutées en France (ou dans l'État membre).

→ Locations de moyens de transport de biens de courte durée, c'est-à-dire inférieures à trente jours pour les véhicules terrestres : le lieu de taxation est en France (ou dans l'État membre) si le preneur en prend possession en France (ou dans l'État membre).

→ Transport de passagers : le lieu de taxation est en France (ou dans l'État membre) selon la distance parcourue en France (ou dans l'État membre), étant noté qu'il existe des exonérations spécifiques en matière de transport international.

→ Prestations culturelles, artistiques, sportives, scientifiques, éducatives, et de divertissement : elles sont taxées en France (ou dans l'État membre) si elles sont exercées ou matériellement exécutées en France (ou dans l'État membre). À compter du 1er janvier 2011, les prestations de ce secteur relèvent de la règle générale, à l'exception de celles consistant à donner accès à des manifestations de cette nature.

→ Prestations se rattachant à un immeuble : le lieu de taxation est en France (ou dans l'État membre) si l'immeuble est situé en France (ou dans l'État membre). Ces prestations, présentant un lien étroit avec l'immeuble, sont très larges : prestation d'experts, d'agents immobiliers, d'architecte, de gardiennage, de nettoyage, etc.

Comme habituellement avec les exceptions, il convient d'être prudent. Il est conseillé de valider le lieu de taxation au vu, d'une part, de la nature de l'activité et, d'autre part, de son lieu d'exécution.

Quelles sont les dérogations relatives aux opérations *B to C*?

→ Ventes à consommer sur place : elles sont taxées en France (ou dans l'État membre) si elles sont exercées ou matériellement exécutées en France (ou dans l'État membre).

→ Location de moyens de transport de biens de courte durée : le lieu de taxation est en France (ou dans l'État membre) si le preneur en prend possession en France (ou dans l'État membre).

→ Transport de passagers : le lieu de taxation est en France (ou dans l'État membre) selon la distance parcourue en France (ou dans l'État membre), étant noté qu'il existe des exonérations spécifiques en matière de transport international,

→ Prestations culturelles, artistiques, sportives, scientifiques, éducatives, et de divertissement : elles sont taxées en France (ou dans l'État membre) si elles sont exercées ou matériellement exécutées en France (ou dans l'État membre).

→ Prestations se rattachant à un immeuble : le lieu de taxation est le pays de situation de l'immeuble.

→ Prestations immatérielles : le lieu de taxation est en France si elles sont réalisées par un prestataire établi en France et si le preneur est établi en France ou dans un autre État de l'UE.

Elles sont aussi taxables en France si le service est utilisé en France au cas où le prestataire est établi en dehors de l'UE et le preneur établi dans l'UE. Une particularité est applicable aux services électroniques : la TVA est due en France si le preneur est en France. Peu importe alors que le service électronique soit utilisé ou pas en France.

Il n'y a donc pas de taxation en France :

- lorsque le preneur est situé en dehors de l'UE alors que le prestataire est établi en France ;
- ou le prestataire est établi dans un autre État de l'UE, que le preneur soit établi en France ou dans un autre pays ;
- ou le prestataire est établi en dehors de l'UE et le preneur dans l'UE, mais que le service n'est pas utilisé en France, sous réserve de ce qui est prévu pour les services électroniques.

Ce tableau résume les cas où la TVA française s'applique ou pas, selon le lieu d'établissement du prestataire et du preneur non assujetti.

 Établissement du prestataire Établissement du preneur non assujetti	France	Autre État dans l'UE	Hors UE
France	oui	non	Si service utilisé en France
Autre État dans l'UE	oui	non	Si service utilisé en France
Hors UE	non	non	non

Les prestations immatérielles sont listées à l'article 259 B du CGI. Il s'agit principalement des prestations de publicité, conseillers, ingénieurs, bureaux d'étude, opérations bancaires et financières ou d'assurances, mise à disposition de personnel, prestations de télécommunications, cessions et concessions de droits d'auteurs, brevets, licences, marques, locations de biens meubles autres que les moyens de transport, traitements de données, services rendus par voie électronique, l'obligation de ne pas exercer une activité, etc. N'hésitez pas à consulter le détail des textes, surtout pour les nouvelles techniques, comme par exemple les services électroniques.

→ **Prestations des intermédiaires transparents autres que celles se rattachant à un immeuble**, c'est-à-dire des personnes qui agissent au nom et pour le compte d'une autre personne : le lieu de taxation est en France (ou dans l'État membre) si l'opération sur laquelle porte l'entremise est située en France (ou dans l'État membre).

→ **Transports intracommunautaires de biens**, c'est-à-dire d'un pays de l'UE vers un autre pays de l'UE : le lieu de taxation est en France (ou dans l'État membre) si le lieu de départ est en France (ou dans l'État membre).

→ **Transport de biens autres qu'intracommunautaires** : le lieu de taxation est en France (ou dans l'État membre) pour la distance parcourue en France (ou dans l'État membre).

→ **Prestations accessoires aux transports de biens ou de personnes** : le lieu de taxation est en France (ou dans l'État membre) si elles sont réalisées en France (ou dans l'État membre); ces prestations correspondent au chargement, à la manutention, au déchargement, et aux activités similaires

→ **Travaux à façon et expertises sur un bien meuble corporel** : le lieu de taxation est celui de réalisation de la prestation, donc la France (ou l'État membre) si la prestation est exécutée en France (ou dans l'État membre).

Le formalisme

Mention sur les factures

Le prestataire qui ne facture pas la TVA de son pays doit indiquer sur la facture la mention du texte qui le permet. Cela peut être la référence à la directive TVA ou le numéro de l'article du CGI.

Par exemple, s'agissant des prestations immatérielles, il s'agit de l'article 259 B du CGI.

Nouvelle déclaration européenne de services (DES)

Depuis le 1er janvier 2010, les entreprises doivent déposer une DES. On connaissait la DEB, qui permettait notamment à l'administration fiscale de faire le lien avec les déclarations de TVA. Les entreprises ont désormais une obligation similaire pour les services. Il s'agit d'un état récapitulatif des prestations services rendues au sein de l'UE. C'est l'administration fiscale des douanes qui collecte les DES. Elle est établie selon le même modèle que les DEB et mentionne en particulier :

- le numéro d'identification du prestataire ;
- la dénomination et l'adresse du prestataire ;
- la période concernée ;
- le numéro d'identification du preneur de services dans l'État membre de l'UE où la prestation est taxable ;
- par preneur, le montant total, hors TVA, en euros des prestations de services ;
- les rabais, remises, ristournes accordées par le prestataire ;
- les éventuelles modifications de prix.

La déclaration se fait en principe sur le portail de l'administration des douanes https://pro.douane.gouv.fr.

Chapitre 3

Comment gérer les opérations réalisées avec le reste du monde ?

La clé en quelques mots

Les exportations de biens sont exonérées de TVA française.

Les importations de biens en France sont soumises à TVA française.

Le commerce international est favorisé : les entreprises qui en font peuvent bénéficier de régimes avantageux, évitant d'avancer la TVA sur leurs acquisitions.

Les échanges de biens réalisés avec des pays hors UE se traduisent par des exportations ou des importations. En principe, l'opération n'est imposable en France que si elle est localisée en France.

Quel est le régime applicable aux exportations?

Article 262, I, 1, article 74 de l'annexe III du CGI

Les livraisons de biens expédiés ou transportés par le fournisseur de la France en dehors de l'UE sont exonérées de TVA française. La facture est établie hors taxes avec une TVA nulle. Le prix toutes taxes comprises est égal au prix hors taxes.

Veillez à collecter les preuves de l'exportation, en particulier un document visé par le service des douanes (document administratif unique DAU). Une mention spécifique doit être apposée sur la facture afin de préciser l'article du CGI qui permet l'exonération de TVA. Si le bien est transporté par l'acheteur, le vendeur doit veiller à lui réclamer les documents justificatifs de la réalité de l'exportation. La quatrième partie de ce guide sur les règles sur la facturation indique les risques attachés au non-respect du formalisme.

Quel est le régime des importations?

108

Les importations en France sont soumises à la TVA française. La TVA est payée au service des douanes lors du dédouanement, c'est-à-dire lors de l'entrée du bien sur le territoire français. L'achat d'une marchandise étrangère importée ne vous permet pas d'économiser la TVA (sauf régime particulier).

La facture du fournisseur étranger ne mentionne pas la TVA que vous acquittez. Afin de pouvoir la déduire, pensez à réclamer le document douanier d'importation et le cas échéant, la facture de votre commissionnaire mentionnant l'opération.

Comment optimiser la TVA en achetant en franchise de TVA ?

Article 275 du CGI

La clé en quelques mots

L'achat en franchise de TVA permet aux entreprises exportatrices de réaliser des économies de TVA sur leurs achats, ce qui améliore leur trésorerie.

Pour en bénéficier, il convient de suivre une procédure spécifique avant de réaliser les opérations.

Les entreprises exportatrices ont la possibilité de bénéficier d'un régime d'achat en franchise de TVA.

Nombre d'entre elles l'ignorent. L'avantage essentiel se situe au niveau de la trésorerie. Ces entreprises bénéficient habituellement d'un crédit de TVA dont il faut demander le remboursement, ce qui nuit à la gestion de leur trésorerie. La procédure d'achat en franchise de TVA leur permet de ne pas décaisser la TVA sur leurs achats.

Cela concerne principalement les achats de biens destinés à l'exportation ou à une livraison intracommunautaire exonérée, ou de services portant sur ces opérations.

L'entreprise exportatrice doit être assujettie à la TVA et être exportateur direct.

Un plafond d'achat appelé « contingent annuel d'achat en franchise de TVA » est fixé chaque année selon les opérations concernées réalisées l'année précédente.

Pour bénéficier de ce régime, l'entreprise exportatrice doit communiquer à ses fournisseurs une attestation. Ce document certifie que les biens achetés sont destinés à l'exportation ou à une livraison intracommunautaire exonérée. Il comporte l'engagement de régler la TVA si les biens n'arrivent pas à la destination prévue. Si les biens ne sont pas destinés à l'exportation ou si le contingent est dépassé, le redressement porte en principe sur la TVA avec application d'une amende de 5 %.

Pour appliquer le régime de la franchise TVA sur les opérations d'importation, un avis d'importation A I 2 est présenté au service de douanes.

L'attestation est rédigée par vos soins et remise au fournisseur avant la livraison. Un modèle est communiqué en annexe. En principe, elle est visée par votre service des impôts. Une caution peut vous être demandée afin de garantir les droits du Trésor public.

Vous pouvez demander à être dispensé de la formalité du visa sauf dans les cas où vous êtes une entreprise nouvelle ou récemment exportatrice ou si vous avez manqué à vos obligations déclaratives. Vous devrez porter sur vos attestations la mention du texte accordant cette dispense. Si vous êtes fournisseur, veillez à vérifier les mentions de l'attestation qui vous est procurée, et à ce que l'attestation soit remise à temps. Sinon, c'est vous qui risquez le redressement de la TVA qui n'aurait pas été collectée.

Que permet le régime fiscal «suspensif» de TVA?

Articles 85 à 85 L de l'annexe III au CGI

La clé en quelques mots

Les entreprises peuvent éviter les effets de la TVA sur leurs importations ou acquisitions intracommunautaires, en utilisant le régime suspensif de TVA qui repose sur la création d'un entrepôt fiscal sur autorisation administrative pour une durée déterminée.

Habituellement, c'est lors de l'entrée du bien sur le territoire français ou de la livraison que l'importation ou l'acquisition intracommunautaire devient imposable.

En matière d'importation ou d'acquisition intracommunautaire, le régime fiscal suspensif de TVA permet de reporter l'imposition à la TVA à un stade ultérieur comme la sortie du régime ou le retrait de l'autorisation. De nouvelles règles sont en place depuis le 1er janvier 2011.

Sont concernées les livraisons de biens destinées à ces régimes, mais également les prestations de services qui s'y rattachent.

 Ces régimes peuvent être judicieusement utilisés, par exemple pour les biens qui sont en transit ou en admission temporaire sous exonération de droits, afin de réaliser des opérations déterminées.

L'ouverture d'un tel régime requiert l'autorisation de l'administration et le suivi d'un formalisme particulier (notamment déclarations, tenue d'un registre, mentions sur les factures du numéro d'autorisation, du nom du titulaire et du gestionnaire).

Comment se protéger des surcoûts de la TVA par l'insertion d'une clause fiscale dans le contrat de vente ou d'achat?

La clé en quelques mots

Il peut être judicieux d'associer un fiscaliste à la rédaction de vos contrats commerciaux, afin d'insérer un paragraphe qui vous protège d'effets fiscaux coûteux.

La mauvaise gestion en amont de la fiscalité peut avoir pour effet ultérieur de réduire votre marge.

En principe, compte tenu de la neutralité de la TVA, on ne devrait pas avoir à prévoir de clause particulière autre que la clause relative au prix qui prévoit un prix hors taxes, éventuellement la TVA facturée, et le prix toutes taxes comprises.

En pratique, il s'avère que les parties peuvent être en désaccord au sujet de la TVA. La législation du pays, en particulier en dehors de l'UE, peut susciter des difficultés d'interprétation ou d'application. L'administration fiscale peut vérifier les incidences fiscales d'une opération bien après sa réalisation.

Votre intérêt est de spécifier clairement dans le contrat qui prendra en charge l'impôt finalement dû. Il peut être opportun de prévoir une clause dédiée aux impôts qui aborde la TVA, mais aussi l'éventuel impôt sur le bénéfice, les retenues à la source, et tout autre impôt. Le paragraphe sur la TVA peut également traiter de la prise en charge des droits de douane levés lors du dédouanement. Un lien est fait avec l'Incoterm, c'est-à-dire avec la règle commerciale appliquée au contrat selon les normes de la Chambre de Commerce Internationale, qui est choisi par les parties.

Par exemple, on peut indiquer que le prix mentionné est hors toutes taxes, et que le client acquittera la TVA en sus du prix. Si l'acheteur prétend bénéficier d'une exonération de TVA spécifique, il est conseillé d'indiquer dans le contrat de vente que la TVA sera due par le client, à moins que ce dernier ne fournisse le justificatif officiel de l'exonération. Un modèle de clause en français et en anglais est présenté en annexe.

112

Partie 4

Quelles règles de facturation doit-on respecter impérativement?

La facturation est soumise à des règles juridiques strictes relevant du Code du commerce et du CGI. Il convient de s'y conformer sous peine de s'exposer soit à des sanctions, soit à la perte de régimes d'exonération. Cette partie recense les obligations en la matière.

Quelles sont les obligations en matière de facturation ?

La clé en quelques mots

La facture est obligatoire.

Ses mentions relèvent du Code du commerce et du droit fiscal.

L'absence de facturation ou l'omission de mentions peut entraîner des sanctions très lourdes : amendes, perte du droit à déduction ou d'une exonération.

La facturation électronique est possible à condition de respecter la procédure prévue à cet effet.

Il est obligatoire de facturer sous peine de sanctions

Article L. 441-3 du code de commerce, article 289, article 242 nonies de l'annexe II du CGI

La facture relève d'abord des obligations du droit commercial. L'article L. 441-3 du Code de commerce est un texte de nature pénale. Il prévoit en particulier que **tout achat d'un produit ou toute prestation de services pour une activité professionnelle doit faire l'objet d'une facture établie en double exemplaire, dont l'un est remis au client.**

La facture est rédigée en français. Doivent y figurer des mentions obligatoires comme le nom des parties, leur adresse, la date de l'opération, la dénomination précise et la quantité de l'objet de la facturation, le prix unitaire hors TVA, les éventuelles réductions de prix, la date prévue pour le règlement, les conditions d'escompte en cas de paiement anticipé, le taux des pénalités exigibles en cas de règlement tardif. Les personnes inscrites au registre du commerce indiquent leur numéro. Le locataire-gérant d'un fonds de commerce indique cette qualité sur la facture.

En principe, la facture est remise dès la réalisation de la vente ou de la prestation de service.

Si ces dispositions ne sont pas respectées, des amendes peuvent être appliquées. Les sanctions dépendent du type d'infraction et de leur nombre. Les personnes physiques peuvent subir une amende de 75 000 euros ou de 50 % de la somme facturée ou de celle qui aurait dû être facturée. Les personnes morales peuvent être déclarées pénalement responsables avec une amende de 375 000 euros ou de 250 % de la somme facturée ou de celle qui aurait dû être facturée. L'exclusion des marchés publics pendant cinq ans au plus est possible. L'acheteur peut être recherché en responsabilité s'il n'a pas réclamé la facture à son fournisseur.

 Ces obligations valent aussi bien pour les entreprises indépendantes que pour les sociétés liées. Le fait d'appartenir à un groupe ne dispense pas d'appliquer les règles légales même pour les factures entre sociétés du même groupe. Une simple note de débit ne suffit pas. Outre la facture, il peut être nécessaire de s'appuyer sur un contrat signé pour justifier le montant facturé.

En cas d'importation, l'importateur doit réclamer à l'exportateur étranger une facture conforme à la réglementation française

Particularités de la réglementation fiscale

Article 289, I-1, 1737II du CGI

Même si les règles de facturation sont posées par le Code du commerce, le droit fiscal a ajouté un certain nombre d'obligations relevant notamment des règles strictes de la TVA. **La facture est l'instrument sur lequel sont basés à la fois l'exigibilité de la TVA et l'exercice du droit à déduction.** Le non-respect des règles de facturation est soumis à des sanctions lourdes.

Une amende de 15 euros est due en cas d'omission de certaines mentions ou d'inexactitudes dans les factures. Cette amende s'applique à chaque omission.

En cas d'infraction grave, par exemple en cas d'absence de facture ou de facturation d'opérations fictives, les amendes peuvent être calculées en fonction du montant des opérations en cause. La prescription peut également être rallongée. Le bénéficiaire de la facture peut, dans certains cas, être privé du droit à déduction, ou d'un régime spécifique.

Une facture doit être émise pour tous les versements d'acomptes et pas seulement pour les opérations entraînant l'exigibilité de la TVA.

 La facture est en principe en euros, mais pour les opérations de commerce international il n'est pas rare que le prix prévu soit en devises. Il est recommandé d'indiquer sur la facture quel est le cours de conversion retenu, soit en principe le dernier cours connu au jour de la facturation.

La facture doit respecter un certain formalisme

La facture est établie soit sur un support papier en double exemplaire; soit sur un support électronique à condition que l'intégrité du contenu soit garantie par une signature électronique répondant aux caractéristiques prévues par le CGI.

Pour la facturation électronique, il est nécessaire soit d'obtenir un certificat électronique délivré par un prestataire agréé; soit d'utiliser EDI (échange informatisé de données), qui répond à des normes réglementées (article 289 bis du CGI).

 Pour les factures sur support papier, un exemplaire doit être remis au client. Un fax ne serait pas valable. L'envoi d'une facture par fichier Excel ou PDF par e-mail ne paraît pas non plus remplir les conditions exigées.

Compte tenu des diverses obligations légales de conservation des factures, il est conseillé de conserver celles-ci pendant dix ans.

Il est possible de mettre en place un mandat de facturation par un tiers ou par le client. Ce système est strictement encadré par l'article 242 nonies I du CGI. Il est recommandé de mentionner le mandat sur la facture.

118

Chapitre 2

Quelles sont les mentions à porter sur les factures ?

La clé en quelques mots

La liste des mentions à porter sur la facture est précise.

N'oubliez pas la mention relative à une exonération de TVA faute de quoi elle pourrait être remise en cause.

Les mentions générales

On peut citer les mentions générales suivantes :

- le nom ou la dénomination sociale complets et adresse du fournisseur et de son client ;
- la forme juridique du vendeur avec, le cas échéant, le montant du capital social et les mentions d'identification ;
- la date de la facture, et si elle diffère date de l'opération ;
- numéro de la facture établi chronologiquement selon une série continue ;
- pour chacun des biens livrés ou des services rendus, la quantité et la dénomination précise ; la simple référence à un contrat n'est pas une dénomination ;

- le prix hors taxes ;
- le taux de TVA ;
- par taux, le total hors taxes et le montant de la TVA ;
- le montant des rabais, remises, ristournes ou escomptes dont le principe est acquis et le montant chiffrable, et directement liées à cette opération de vente ;
- la date de règlement
- les conditions d'escompte
- le taux des pénalités de retard exigibles à compter du jour de règlement indiqué ; le taux minimum est une fois et demie le taux d'intérêt légal ;
- la mention « TVA acquittée d'après les débits » si le fournisseur a opté pour le paiement de la taxe selon cette modalité ;
- le numéro d'identification du fournisseur et/ou du client à la TVA, selon l'opération ;
- en cas d'exonération de TVA, lorsque le client autoliquide la TVA ou lorsque le fournisseur est redevable de la TVA sur la marge : référence à la disposition du CGI ou de la directive européenne précisant que l'opération bénéficie du régime appliqué ;
- en cas de facturation d'une TVA étrangère, indication de la nationalité de la taxe facturée afin d'éviter la confusion avec les dispositions françaises et notamment l'article 283-3 du CGI qui prévoit que toute personne qui mentionne la TVA sur une facture en est redevable du seul fait de sa facturation.

 Comme indiqué, l'option pour les débits peut être opportunément ajoutée.

La monnaie de paiement du prix peut être différente de l'euro. La TVA payée au Trésor public est convertie en euros selon le dernier taux déterminé par référence au cours publié par la Banque de France.

Les mentions relatives à une exonération

Il convient d'indiquer la mention du texte selon lequel la TVA n'est pas facturée. Il est possible d'indiquer le numéro de la directive européenne TVA concernée ou l'article du CGI.

 Parmi les textes permettant de ne pas facturer la TVA, citons notamment :

- pour les exportations : «Exonération article 262-I du CGI»;
- pour certaines opérations bancaires et financières : «Exonération article 261 C-1 du CGI»;
- locations de terrains non aménagés et de locaux nus (sauf option s'agissant de locaux professionnels) : «Exonération article 261 D, 2° du CGI» pour les livraisons intracommunautaires : «TVA autoliquidée par le client article 262 ter I du CGI»;
- pour les prestations de services immatérielles : «TVA auto liquidée par le client article 259 B du CGI»;
- pour les livraisons en franchise de TVA : «Exonération de TVA, article 275 du CGI»;
- pour les refacturations de frais exonérées de TVA : «Remboursement exonéré de TVA article 267 II 2° du CGI»;
- pour les entreprises relevant de la franchise en base : «TVA non applicable article 293 B du CGI»;
- pour l'application du régime sur la marge sur les acquisitions intracommunautaires «article 256 bis I 2° bis du CGI»;
- pour les opérations triangulaires : «Exonération de la TVA, article 141 de la directive 2006/112/ CE».

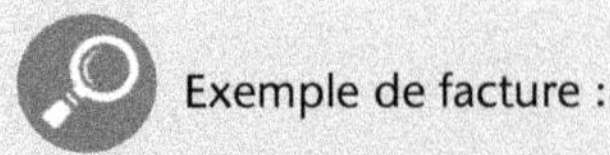 Exemple de facture :

Société Juste Cekifo
Chemin Lebon
31 444 Sansoucis

Société Jean Kipetro
Impasse Pavupapri
13 013 Riskville

- Facture numéro 2010- 34 Date de la facture : 1er décembre 2011

- Date de la livraison : 1er décembre 2011

- Désignation des biens : Porte-bonheur

- Quantité : 50

- Prix unitaire hors taxes : 20 euros

- Prix total hors taxes : 1 000 euros

- Taux de la TVA : 19,6 %

- Montant de la TVA : 196 euros

- Montant toutes taxes comprises : 1 196 euros

- Pas d'escompte

- Nos factures sont payables à réception. Tout défaut de paiement dans les délais nous oblige à appliquer de pénalités calculées sur la base de 1,5 fois le taux de l'intérêt légal.

- SAS au capital de 20 000 €, RCS de Toulouse C 222 222 222

- N ° de TVA intracommunautaire FR 70 222 222 222

Partie 5

Quels sont les différents régimes de déclarations ?

Article 287 et article 39 de l'annexe IV du CGI

C'est dès le projet de création de votre entreprise qu'il est préférable de s'interroger sur le régime de TVA qui va être appliqué. Certains imprimés font d'ailleurs état de votre choix dès l'accomplissement des formalités de création. Il est opportun d'appréhender ce sujet dès le commencement. Certains délais sont très courts pour agir. Lorsque l'entreprise cède ou cesse son activité, elle doit déposer une dernière déclaration dans les trente jours de la cessation ou de la cession.

 Le choix du régime pour la TVA est fait en liaison avec le régime d'imposition des bénéfices de votre entreprise.

La date limite de déclaration dépend :

- du lieu de situation de votre entreprise ;
- de sa forme juridique ;
- de son numéro INSEE ;
- du nom de l'exploitant ;
- du régime de déclaration TVA.

Elle varie du 15 au 24 du mois, et des majorations sont dues si vous payez en retard. Pour votre première déclaration, prenez contact avec votre centre des impôts qui vous précisera le délai qui vous est applicable. Quand la date limite de déclaration tombe un samedi, dimanche ou jour férié, le délai expire le jour ouvrable suivant.

Les seuils des régimes présentés peuvent évoluer au fil des lois.

Chapitre 1

Le régime réel normal, dit RN

La clé en quelques mots

Les différents régimes de TVA sont liés au montant du chiffre d'affaires et au cadre juridique de l'exercice de l'activité.

En fonction de vos besoins, vous pouvez décider d'opter pour un régime de la catégorie supérieure.

125

N'oubliez pas qu'un retard de déclaration ou de paiement peut entraîner des intérêts de retard, des amendes, des majorations, parfois la taxation d'office ou l'impossibilité de prétendre à un régime avantageux. Afin de ne pas risquer d'être pénalisé par une négligence, vous avez intérêt à vérifier dans le détail les obligations que votre entreprise doit remplir. Le cas échéant, selon l'évolution de votre activité, vous serez peut-être conduit à changer de régime. Le raisonnement suivi en matière de TVA n'est pas nécessairement le même que pour l'IR ou pour l'IS.

Le régime de droit commun

Il concerne :

- les entreprises qui ont opté pour ce régime ;
- ou les entreprises dont le chiffre d'affaires est supérieur à 777 000 euros pour les activités de ventes de marchandises à emporter ou à consommer sur place, et de fourniture de logement, ou 234 000 euros pour les activités de prestations de services.

L'entreprise dépose chaque mois une déclaration récapitulant les opérations du mois précédent au moyen d'un imprimé dit CA3 présenté en annexe, et joint le paiement de la TVA à sa déclaration.

L'entreprise reçoit en général les imprimés pré-imprimés avec la date limite de déclaration. Si ce n'est pas le cas, elle doit se les procurer. Le site Internet du ministère des finances permet de les éditer.

 Si la taxe annuelle due est inférieure à 4 000 euros, l'entreprise peut déposer des déclarations trimestrielles. Il suffit de le demander à votre service des impôts dès le premier trimestre de l'année.

Si le chiffre d'affaires de l'entreprise dépasse 500 000 euros hors taxes, selon les règles applicables à compter du 1er octobre 2010, la déclaration doit être télé-transmise, c'est-à-dire adressée par voie électronique. Le paiement est effectué de même, c'est-à-dire télé-réglé. À ce jour, on regarde le chiffre d'affaires de l'avant-dernier exercice clos. Pour les entreprises relevant de la Direction des Grandes Entreprises (DGE), cette obligation s'applique quel que soit leur chiffre d'affaires.

Le sujet des déclarations et du paiement par voie électronique évolue rapidement. Il convient donc de suivre attentivement l'actualité relative aux seuils qui mettent fin à la possibilité d'utiliser les modalités traditionnelles de déclaration et de paiement. Attention, si les règles ne sont pas respectées, une majoration de 0,2 % est applicable.

 Pendant la période de congés payés, votre entreprise n'a peut-être pas le temps de terminer sa comptabilité pour arrêter la déclaration de TVA. Vous pouvez alors verser un acompte égal à 80 % du montant acquitté sur la dernière déclaration déposée ou de la somme qui est réellement due. Votre entreprise régularise ensuite sa situation sur sa prochaine déclaration.

Le régime des acomptes provisionnels

Lorsque l'entreprise a des difficultés pour établir ses déclarations dans le délai légal, elle peut demander par écrit au centre des impôts dont elle dépend l'autorisation de bénéficier d'un délai supplémentaire d'un mois pour déposer la déclaration. Elle doit motiver sa demande. Elle verse alors dans le délai normal un acompte égal à au moins 80 % du montant réellement dû qui est régularisé lors du dépôt de la déclaration, avec application d'un intérêt de retard si l'acompte est insuffisant. L'administration accorde ainsi un crédit sur une partie de la TVA. Cette autorisation peut être retirée si l'administration constate qu'elle ne se justifie plus.

Les régimes adaptés aux petites entreprises

La clé en quelques mots

En dessous d'un certain montant de chiffre d'affaires, les petites entreprises ont la possibilité de ne pas appliquer la TVA. Elles ne peuvent alors déduire la TVA sur leurs dépenses.

Elles peuvent également choisir de déclarer la TVA selon un régime adapté à leur volume d'activité.

Il convient de surveiller les éventuels dépassements de seuils, qui créent de nouvelles obligations.

Ce sujet n'est pas aussi simple qu'il y paraît, car nombre d'entreprises ont un chiffre d'affaires qui fluctue. **Lorsque le chiffre d'affaires franchit, à la hausse ou à la baisse, certains seuils, les règles changent également, avec leur lot de régularisations ou d'adaptations possibles, et cela dans un délai strict.**

 Il est donc indispensable de suivre la situation de son entreprise, voire dans certains cas d'adapter son activité au vu des conséquences fiscales possibles.

La franchise en base

Articles 293 B à 293 F du CGI

Quelles sont les entreprises concernées ?

L'objet de ce régime est d'alléger les obligations fiscales des petites entreprises.

Il est réservé aux assujettis :

- dont le chiffre d'affaires hors taxes de l'année précédente (N-1) n'excède pas 81 500 euros pour une activité de ventes de marchandises à emporter ou à consommer sur place ou de fourniture de logement, ou de 32 600 euros pour les autres prestations de services ;
- ou dont le chiffre d'affaires de l'année N-1 n'excède pas la limite majorée de 89 600 euros (ou 34 600 euros pour les prestations de services) si le chiffre d'affaires de l'année N-2 n'excède pas la limite normale de 81 500 euros (ou 32 600 euros pour les prestations de services).

Certaines professions bénéficient de franchises particulières. Ainsi, la limite est de 42 300 euros (avec un montant de 52 000 euros pour la limite majorée) pour les activités spécifiques des avocats, les livraisons de leurs œuvres par les auteurs, l'exploitation des droits des artistes-interprètes. Pour les autres activités concernant ces professions qui ne sont pas couvertes par la franchise particulière, est prévue une franchise spéciale dont le seul est de 17 400 euros (avec une limite majorée de 20 900 euros).

Le seuil est actualisé chaque année.

Comme son nom l'indique, ce régime permet de réaliser les opérations en franchise de TVA. **L'entreprise ne facture donc pas la TVA, ne la déduit pas non plus et ne dépose pas de déclaration de TVA.** Les factures portent la mention «TVA non applicable selon les dispositions de l'article 293 B du CGI».

 Ne faites pas apparaître de TVA, car toute TVA facturée est due.

Cela ne change rien aux obligations générales notamment de déclaration d'existence ou de cessation.

Certaines opérations spécifiques sont exclues de la franchise : opérations soumises à la TVA sur option, certaines livraisons à soi-même, livraisons intracommunautaires de moyens de transport neuf, certaines opérations immobilières, etc.

 Si vous souhaitez récupérer la TVA, il convient de choisir un autre régime.

Les entreprises bénéficiant de la franchise peuvent opter pour le paiement de la TVA. Cela peut être opportun pour récupérer la TVA grevant les dépenses de l'entreprise. Cette question peut être analysée selon que la clientèle de l'entreprise récupère ou pas la TVA. Il s'agit d'opter pour le RN ou le régime simplifié (RSI), en adressant au service des impôts une lettre d'option pour une durée minimale de deux ans, qui prend effet le premier jour du mois de la déclaration.

 Cette question doit cependant être vue en liaison avec le régime BIC (bénéfices industriels et commerciaux) relatif à l'imposition de vos revenus professionnels. Si vous bénéficiez du régime micro-BIC ou du régime spécial BNC (bénéfices non commerciaux), l'option pour la TVA peut vous faire perdre le bénéfice de ces régimes, car elle entraîne l'application de plein droit du régime réel d'imposition des bénéfices.

Que se passe-t-il si le seuil est dépassé ? 131

Ce régime n'est plus applicable lorsque le chiffre d'affaires prévu est dépassé.

 Il convient de surveiller l'évolution de votre chiffre d'affaires afin de mettre à jour vos obligations selon votre activité et le chiffre d'affaires.

La franchise est maintenue l'année du dépassement (N) et l'année suivante (N +1) si le chiffre d'affaires de l'année N n'atteint pas le chiffre limite de 89 600 euros, ou de 34 600 euros selon l'activité exercée, et si le chiffre d'affaires de l'année N-1 était bien dans les limites de la franchise de 81 500 euros ou 32 600 euros.

Si la limite supérieure est dépassée en N, la TVA est due pour les opérations réalisées à compter du premier jour du mois au cours duquel la limite est dépassée.

Le régime réel simplifié ou RSI

Qui peut en bénéficier ?

Peuvent bénéficier du RSI les entreprises dépassant les limites de la franchise en base, et dont le chiffre d'affaires n'excède pas 777 000 euros pour les activités de ventes de marchandises à emporter ou à consommer sur place ou de fourniture de logement, et 234 000 euros pour les autres prestations de services.

Vous pouvez également être placé sous ce régime si vous relevez normalement de la franchise en base de TVA, et si vous avez opté pour le paiement de la TVA au RSI.

Sont exclues du régime simplifié certaines opérations spécifiques comme les importations ou les opérations occasionnelles.

En quoi ce régime est-il simplifié ?

Dans le cadre du régime réel simplifié, l'entreprise ne dépose pas de déclarations de TVA en cours d'année, mais une seule déclaration annuelle CA12/CA12 E.

L'entreprise verse cependant des acomptes trimestriels en avril, juillet, octobre et décembre de chaque année.

Ces acomptes sont calculés par rapport à la TVA sur le chiffre d'affaires de l'année précédente avant déduction de la TVA afférente aux biens constituant des immobilisations. Les trois premiers acomptes sont d'un quart de cette base, et le quatrième versé en décembre est d'un cinquième. Ils sont modulables sous certaines conditions au vu des prévisions et sous la responsabilité de l'entreprise qui peut subir une majoration de 10 % en cas d'insuffisance.

Ils sont régularisés lors du dépôt de la déclaration annuelle CA12, au plus tard le 4 mai pour 2010.

 Pour les petits redevables relevant du RSI, dont la TVA annuelle qui figure sur la ligne 57 de la dernière déclaration CA12 est inférieure à 1 000 euros, il existe une possibilité de dispense d'acompte.

Si l'exercice de votre entreprise ne coïncide pas avec l'année civile, renseignez-vous sur la date à ne pas dépasser, en principe dans les trois mois de la clôture de l'exercice.

Les entreprises relevant du RSI peuvent opter pour le régime réel normal. Cette option est adressée par courrier recommandé avec accusé de réception avant le 1er février de l'année concernée. Elle est valable pour une durée minimum de deux ans et vaut également pour l'imposition des bénéfices.

Que se passe-t-il si le seuil est dépassé ?

Si le chiffre d'affaires dépasse les limites du RSI, le RSI peut continuer à s'appliquer la première année de dépassement à condition que le chiffre d'affaires n'excède pas un montant de 856 000 euros hors taxes pour les activités de ventes de marchandises à emporter ou à consommer sur place ou de fourniture de logement, ou 265 000 euros pour les autres prestations de services. Le régime du réel normal succède ensuite au RSI.

Le mini-réel : un régime alternatif ?

Article 204 ter A de l'annexe II au CGI

Les entreprises au RSI pour les déclarations de bénéfices peuvent choisir le régime réel normal pour la TVA. Elles déposent alors les déclarations CA3 mensuelles pour la TVA tout en restant au RSI pour l'imposition des bénéfices.

 Cela peut permettre d'avancer le remboursement du crédit de TVA.

Cette option, valable pour une durée minimum de deux ans, est adressée au Service des impôts des entreprises par courrier recommandé avec accusé de réception. Sa date d'effet est le 1er janvier de l'année au cours de laquelle elle est déposée si elle est exercée avant la date limite de la déclaration annuelle CA 12, ou le 1er janvier de l'année suivant dans le cas contraire.

Partie 6

Comment aborder le contrôle et le contentieux fiscal ?

Le contrôle fiscal est souvent une épreuve mal vécue par les entreprises. Ce guide vous donne quelques conseils afin d'aborder plus sereinement la procédure par une meilleure approche des règles. Le contentieux fiscal est parfois inévitable si vous souhaitez éviter les effets financiers d'un redressement. Si vous avez l'intention de vous défendre face à une position de l'administration que vous pensez être contestable, ou si vous souhaitez corriger une erreur commise à votre désavantage, il est souvent préférable de se faire assister par un avocat fiscaliste qui connaît les règles de fond et la procédure fiscale. En particulier, soyez vigilant sur les délais à respecter et sur la technicité de l'argumentaire.

Quelles sont les précautions à prendre en cas de contrôle fiscal ?

La clé en quelques mots

L'administration fiscale peut rectifier la TVA pendant un certain délai défini par la loi.

Mieux vaut anticiper le contrôle fiscal en vérifiant que les règles suivies par l'entreprise sont correctes, et en testant les cohérences entre la comptabilité et les déclarations, ce qui peut vous permettre de corriger vos erreurs.

En cas de redressement, n'hésitez à vous défendre si vous pensez que vous êtes dans votre bon droit au vu d'une analyse précise des textes. Faites-le alors dans les délais.

En préliminaire, il est précisé que les entreprises doivent fournir à l'administration fiscale les pièces justifiant leurs opérations.

L'administration peut exercer son droit de contrôle sur la TVA. Elle ne peut le faire que dans le délai de reprise applicable, et dans le respect des règles de procédure. Les droits de la défense du contribuable sont garantis.

Le délai de reprise

Conformément aux dispositions de l'article L. 176 du Livre des procédures fiscales, le droit de reprise de l'administration s'exerce jusqu'à la fin de la troisième année suivant celle au cours de laquelle la taxe est devenue exigible.

Si l'exercice ne correspond pas à une année civile, le délai de prescription se décompte selon le droit de reprise en matière d'impôt sur le revenu. Il démarre au début de la première période sur laquelle s'exerce le droit de reprise en matière d'impôt sur le bénéfice et s'achève le 31 décembre de la troisième année suivant celle au cours de laquelle se termine cette période.

Le délai de reprise peut être beaucoup plus long, notamment en cas d'exercice d'une activité occulte, de fraude fiscale ou lorsque l'administration a dressé un procès-verbal de flagrance fiscale.

Depuis le 1er janvier 2010, en l'absence de manquement délibéré, le droit de reprise de l'administration s'exerce jusqu'à la fin de la deuxième année qui suit celle au titre de laquelle la taxe est devenue exigible, lorsque le contribuable est adhérent d'un centre de gestion agréé ou d'une association agréée, et a communiqué à son service des impôts une copie du compte rendu de mission prévu par l'article 1649 quater du CGI.

Comment se déroule le contrôle?

L'entreprise reçoit un avis de vérification de comptabilité qui indique un certain nombre d'informations dont le nom du vérificateur, les impôts et les exercices vérifiés et la date du début de la vérification. Certaines mentions sont obligatoires pour que la procédure soit reconnue comme régulière. La vérification se fait en principe dans les locaux de l'entreprise.

Après avoir reçu l'avis de vérification, l'entreprise est tenue à certaines obligations.

Préparez-vous au contrôle

Il est conseillé de «préparer» le contrôle fiscal. Même en l'absence de réception d'un avis de vérification, il est prudent de procéder à des contrôles internes afin de recenser certains risques : rapprochement des écritures comptables et des déclarations de TVA, collecte de tous les documents justificatifs utiles, rapprochement des DEB et DES et déclarations de TVA, vérification des mentions sur les factures, etc.

 Ce contrôle interne *a priori* peut vous permettre de recenser des lacunes qui, une fois corrigées, ne pourront plus être redressées.

Il est important d'agir de bonne foi, de conserver toutes les pièces justificatives utiles et de les classer de façon à ce qu'un vérificateur puisse les consulter aisément.

La méthode du « pas vu pas pris » présente de nombreux risques. Si l'administration considère qu'il y a eu manquement délibéré ou même fraude fiscale, les majorations vont de 40 % à 80 %. Les conséquences financières peuvent être dramatiques pour l'entreprise. Le gérant actionnaire ne pourra peut-être pas s'abriter derrière l'écran social de sa société pour limiter sa responsabilité. Les inspecteurs s'attachent à vérifier avec attention la TVA, notamment en présence de déficits fiscaux qui absorberaient les rehaussements sur les bénéfices. Les redressements de TVA sont possibles, même après l'arrêt de l'activité. Comme la TVA est un impôt très formaliste, il n'est pas rare de méconnaître une règle. Mieux vaut se préparer.

Pour les grosses entreprises, il est préférable de désigner un seul interlocuteur du vérificateur afin de regrouper les questions et les réponses. Le cas échéant, le service informatique peut être mis à contribution.

 Accueillez sereinement le vérificateur dans un endroit adapté. En cas de questions particulières, vous pouvez demander à préparer les réponses pour la visite suivante, ce qui vous permet de consulter votre conseil.

Comment répondre aux demandes du vérificateur ?

 Il est conseillé de se faire assister par un avocat fiscaliste dès le début de la procédure. Cela permet d'être conseillé avec un œil neuf pour la préparation des pièces comptables et des justificatifs et l'élaboration des argumentaires juridiques à fournir au vérificateur. Le conseil peut aussi vous permettre de dédramatiser la situation en l'abordant d'un point de vue technique et procédural afin de garantir vos droits. La pratique des contrôles fiscaux par l'avocat peut être appréciée par le vérificateur qui emploie le même langage technique. Les pièces de procédure doivent comporter des mentions obligatoires que l'avocat connaît.

Remise des documents sous format papier

L'entreprise doit fournir ses documents comptables sous format papier.

Il s'agit notamment du livre-journal, de l'inventaire, des pièces justificatives de la comptabilité, etc. Le vérificateur a également accès aux documents juridiques tels que les procès-verbaux d'assemblées, les contrats ou les statuts des sociétés.

Si le vérificateur souhaite emporter des documents pour les examiner à son bureau, il doit suivre une procédure spécifique. Le contribuable est protégé par des règles strictes.

Remise des fichiers informatiques

L'administration peut demander à l'entreprise de lui remettre les fichiers informatiques des écritures comptables. Cela lui permet d'une part de travailler en dehors de l'entreprise, d'autre part d'effectuer des traitements informatiques, donc des tris ou des recoupements à l'aide de logiciels adaptés. Cela facilite le contrôle par rapport à un examen des pièces sous format papier. D'un autre côté, l'entreprise est moins sollicitée. Même si la remise des fichiers informatiques est facultative, il peut être délicat de la refuser. Si le vérificateur ne se rend alors plus dans l'entreprise, il paraît indiqué de solliciter des réunions régulières afin de faire le point avec lui. Cela peut être utile si le contrôleur soulève une anomalie, auquel cas vous serez dans les temps pour apporter des explications ou, le cas échéant, saisir un conseil avant la notification par écrit de la rectification, ce qui vous permettra de préparer utilement votre défense.

La simple remise des fichiers relatifs à la comptabilité ne ressort pas de la procédure dite de contrôle des comptabilités informatisées, qui est une procédure parallèle effectuée « en support » du contrôle fiscal.

Le contrôle des comptabilités informatisées

Article L. 47 A du Livre des procédures fiscales

Le contrôle des comptabilités informatisées est soumis à une véritable procédure. Le vérificateur doit en informer l'entreprise. Le contrôle fiscal est alors assuré avec l'aide d'un vérificateur informatique, souvent un ancien vérificateur formé à l'informatique.

 Un danger supplémentaire naît du risque de rejet de la comptabilité en l'absence de sauvegarde des donnés. Pensez à l'archivage des données et des logiciels.

L'entreprise a le choix du mode de traitement des données comptables dont l'ampleur peut être considérable si les logiciels de gestion se déversent dans la comptabilité générale :

- soit le vérificateur réalise les traitements sur le matériel de l'entreprise ;
- soit l'entreprise réalise elle-même les traitements ;
- soit elle remet au vérificateur les données nécessaires.

Pour les entreprises de petite taille, dont le chiffre d'affaires est inférieur aux limites du régime simplifié, le contrôle ne peut excéder en principe trois mois.

Possibilité de régulariser spontanément avant la proposition de rectification

Article L. 62 du Livre des Procédures Fiscales

En cours de contrôle fiscal, vous avez la possibilité de régulariser vos erreurs, omissions ou insuffisances commises de bonne foi et relevées dans vos déclarations qui ont été souscrites dans les délais. Le taux de l'intérêt de retard est alors réduit à 0,28 % par mois. Pour demander l'application de cette procédure, il convient de compléter et d'adresser l'imprimé n° 3964 avant que l'inspecteur n'établisse sa proposition de rectification. Vous déposez ensuite dans les trente jours de votre demande l'imprimé n° 3949. En contrepartie de la réduction du taux de l'intérêt de retard, vous devez acquitter la totalité des suppléments de TVA et des intérêts de retard au moment du dépôt de cette déclaration.

Que faire en cas de redressement ?

Si après le contrôle fiscal, vous ne recevez pas d'avis d'absence de redressement, c'est que le vérificateur vous a notifié des redressements par une proposition de rectification.

Le vérificateur a alors sûrement soulevé les sujets de redressement en cours de contrôle. Il est conseillé de mener une discussion technique avec lui avant qu'il n'adresse une proposition de rectification. Cela peut permettre de lever des doutes ou de le convaincre avec un argumentaire en adéquation avec les textes et la jurisprudence applicables. Cette discussion peut se produire lors de l'entretien de synthèse, qui se situe en fin de contrôle fiscal, mais vous pouvez également argumenter en cours de contrôle. Lorsque la proposition de rectification est notifiée, on entre dans un formalisme lourd et soumis à l'approbation de la hiérarchie du vérificateur, ce qui rend toute «marche arrière» difficile.

Si vous avez des arguments valables pour étayer votre position, et s'ils sont rejetés par le vérificateur, n'hésitez pas à tenter toutes les voies possibles de recours, y compris la voie contentieuse. Vous pouvez notamment faire un recours hiérarchique ou demander la saisine de la Commission départementale des impôts directs et des taxes sur le chiffre d'affaires.

La procédure fiscale est complexe. Un avocat peut vous assister pour défendre votre dossier d'un point de vue technique sur le fond, mais aussi, le cas échéant, pour détecter d'éventuelles irrégularités de procédure commises par l'administration fiscale. Il est à même de veiller à ce que les droits de la défense soient respectés.

 Lorsque le contrôle fiscal est terminé, c'est l'occasion de vous interroger sur les défaillances de l'entreprise qui auront pu être révélées «grâce» au contrôle et de mettre en place les outils de gestion permettant d'éviter des risques ultérieurs de redressements. Si vous acceptez les redressements, n'hésitez pas à demander des remises gracieuses de pénalités et éventuellement la mise en place d'un échéancier de paiement, à condition de pouvoir motiver votre demande.

142

Chapitre 2

Comment gérer le contentieux fiscal ?

> ### *La clé en quelques mots*
>
> La procédure fiscale est complexe.
>
> Il convient de respecter les délais.
>
> L'argumentaire doit être élaboré de façon juridique au vu des textes et de la jurisprudence la plus favorable.
>
> N'hésitez pas à mettre en avant la jurisprudence européenne, car elle fait évoluer le droit interne.
>
> Vous pouvez demander un sursis au paiement des sommes redressées et contestées.

Il n'est pas rare qu'un redressement puisse être contesté soit en s'opposant à la qualification des faits relevés, soit en argumentant sur le plan juridique. Il est parfois nécessaire de combiner plusieurs arguments reposant sur une analyse approfondie des textes, de la doctrine administrative et de la jurisprudence. N'oubliez pas que la TVA est un impôt technique qui donne lieu à de nombreux contentieux. Il est commenté par l'administration par des instructions souvent volumineuses. L'administration peut commettre une erreur dans l'appréciation d'une situation, ou ignorer une jurisprudence très récente favorable au contribuable.

Comme le contentieux fiscal en général, le contentieux relatif à la TVA est soumis à une procédure formaliste et encadrée par des délais.

Si vous n'avez pas saisi de conseil lors du contrôle fiscal, et si le redressement est notifié, ou l'avis de mise en recouvrement reçu, il convient d'agir sans attendre. Un avocat peut utilement vous conseiller. Il connaît le droit fiscal et sait rechercher dans la documentation les éléments pouvant être avancés pour la défense de votre dossier. Il pratique habituellement la procédure et sait faire respecter vos droits à la défense.

Une réclamation contentieuse dûment argumentée peut être adressée dans les délais requis. Elle peut contenir une demande de sursis au paiement.

La réclamation doit rappeler l'impôt contesté, et être motivée. Il s'agit de défendre les points redressés en invoquant les textes, la doctrine de l'administration si elle est favorable, et la jurisprudence française ou européenne.

Il peut être utile de saisir la Commission des impôts directs et du chiffre d'affaires.

En cas de rejet de la réclamation contentieuse, vous avez deux mois pour saisir le tribunal administratif.

Chapitre 3

Quelles sont les sanctions possibles ?

La clé en quelques mots

Les sanctions peuvent être d'ordre financier : redressement de TVA, intérêts de retard, majorations.

Elles peuvent aussi être d'ordre pénal.

Les sanctions ont été précisées au fur et à mesure des obligations liées à la TVA abordées dans ce guide. Il ne paraît pas inutile d'insister sur ce sujet dans cette partie consacrée au contrôle fiscal et au contentieux fiscal, c'est-à-dire au stade où les infractions peuvent être relevées et sanctionnées. De manière générale, on rappelle que toute infraction aux règles de la TVA peut donner lieu à des sanctions parfois très élevées.

Outre le réajustement de la TVA elle-même, le coût d'un redressement fiscal peut aller de l'application automatique de l'intérêt de retard ou dans certains cas de majorations spécifiques, à la remise en cause de la déduction de la TVA ou de son absence de facturation.

L'intérêt de retard de 0,40 % par mois est dû.

Une pénalité de 5 % est applicable sur la TVA déductible dans les cas où le contribuable doit la déclarer lui-même : livraison à soi-même, autoliquidation, etc.

Certaines sanctions sont liées à des textes spécifiques, comme ceux concernant les règles de facturation.

Le manquement aux obligations déclaratives peut lui aussi être sanctionné, notamment en cas de retard, de défaut de déclaration ou de dépassement de certains seuils déclenchant de nouvelles obligations.

L'entreprise peut être suspectée de manquement délibéré si les erreurs commises sont répétées ou d'un montant significatif, ce qui peut entraîner des majorations de 40 %. En cas d'abus de droit, les majorations sont calculées à un taux de 40 % ou de 80 %.

Si le dirigeant croit qu'un simple décalage de déclaration de TVA collectée est anodin, puisqu'il va alléger sa trésorerie quelque temps mais finalement verser au Trésor public la TVA due, c'est une grave erreur, car c'est à une sanction d'ordre pénal qu'il s'expose.

146

Partie 7

Pour en savoir plus

Une bonne gestion de la TVA repose non seulement sur une bonne connaissance des textes, mais aussi sur une pratique régulière de cet impôt. Malheureusement, il est parfois difficile de s'y retrouver dans le méandre des textes fiscaux. Les entreprises se trouvent parfois désemparées lorsqu'elles n'ont pas l'expérience requise pour traiter un sujet particulier. Cette dernière partie envisage trois cas pratiques qui génèrent souvent des redressements fiscaux, car leur gestion fait appel non seulement aux règles générales, mais aussi à la combinaison de textes détaillés parfois abscons. Le souhait de ce guide est d'attirer l'attention sur la nécessité de traiter ces sujets avec une attention particulière, et de donner quelques clés pratiques pour démêler l'écheveau des règles applicables.

Groupes : régime des sociétés holding

La clé en quelques mots

Dès qu'une société n'a pas d'activité opérationnelle, il convient de s'interroger sur les éventuelles restrictions de déduction de la TVA.

Les sociétés holding sont concernées par cette question.

Il existe des solutions afin d'éviter des déperditions de TVA et de gérer le risque de taxe sur les salaires qui vise les sociétés dont le chiffre d'affaires n'est pas totalement soumis à la TVA.

Les PME sont habituellement peu concernées par le sujet particulier de la TVA sur les opérations financières. Ces opérations leur rapportent en général des produits accessoires.

Cependant, nombre de PME sont organisées sous une société holding, suite à un reclassement de titres. Si la société holding n'a pas d'activité opérationnelle propre qui génère un chiffre d'affaires, elle doit s'interroger sur le sort de ses produits financiers du point de vue de la TVA. Cette question est importante, car elle peut avoir un impact sur le coefficient de déduction de la TVA et sur la taxe sur les salaires, surtout si le dirigeant ou d'autres personnes sont salariés par la société holding.

Pour en savoir plus •

Les opérations financières sont parmi les opérations les plus complexes au regard de la TVA. Sont abordées dans cet ouvrage uniquement les plus courantes. Il existe des dispositions spécifiques pour les opérations en capital, à voir au cas par cas.

Le traitement particulier des produits financiers

Les dividendes sont hors du champ d'application de la TVA

La perception de dividendes ne constitue pas une activité économique, et se situe hors du champ d'application de la TVA.

L'activité de cession de titres est en principe hors du champ application de la TVA

La vente de titres de participations ne relève pas, en principe, du champ d'application de la TVA, sauf s'il s'agit de l'exercice habituel d'une activité commerciale de transaction de titres.

On relève cependant une jurisprudence européenne qui admet que la cession par une société mère des titres d'une filiale à laquelle elle fournissait des prestations de services soumises à TVA constitue une activité économique entrant dans le champ d'application de la TVA et étant exonérée de cette taxe. Elle donne la possibilité de déduire la TVA sur les dépenses engagées pour la cession si elles présentent le caractère de frais généraux. Ce sujet est à suivre au regard de la jurisprudence rendue en France, qui peut être divergente sur ce sujet.

Les intérêts sur les prêts aux filiales sont dans le champ d'application de la TVA et exonérés

Les intérêts sur les opérations de prêt constituent la contrepartie d'une prestation de services. Cette opération peut entrer dans le champ d'application de la TVA si elle est réalisée par une personne agissant en qualité d'assujetti. C'est le cas des prêts rémunérés consentis par une société holding à ses filiales quand elle utilise des fonds propres ou ceux résultant de la gestion centralisée de la trésorerie du groupe.

Bien que dans le champ d'application de la TVA, les intérêts perçus sont exonérés de TVA.

Le régime TVA de la société holding varie selon son activité

Habituellement, une société holding a pour activité de gérer des participations dans d'autres sociétés. Elle reçoit des dividendes de ses filiales. Elle peut servir de levier financier grâce à des emprunts. Grâce à la mise en place d'une convention de trésorerie, elle peut aussi optimiser la trésorerie du groupe. Elle est parfois le pivot de l'organisation d'un groupe de sociétés. Elle peut déterminer la politique du groupe, et avoir une activité d'animation ou d'assistance de ses filiales dans divers domaines. Elle est souvent l'un des véhicules juridiques utilisés pour les réorganisations du groupe.

Société holding pure : pas de possibilité de déduction de la TVA

On parle de holding pure lorsque la société a une activité strictement financière de détention de titres de participation. Selon la jurisprudence de la Cour de Justice des Communautés Européennes (CJCE), les holdings pures ne sont pas considérées comme des assujetties, dans la mesure où l'activité consistant à détenir des participations financières dans une autre société n'est pas une activité économique. Leur droit à déduction est donc nul sur toutes leurs dépenses, y compris sur les frais exposés lors de l'acquisition ou de la cession de titres de participation.

 Le coefficient d'assujettissement de la société holding pure est nul. Cela signifie qu'elle ne peut pas récupérer la TVA.

Société holding mixte : une meilleure déduction de la TVA

La société holding peut déduire la TVA en tout ou partie

La règle sévère de non-déduction de la TVA applicable aux holdings pures est atténuée si la société holding anime la gestion de ses filiales ou leur rend des services. La société peut en effet réaliser des prestations de services liées au management, à des domaines tels que le marketing, la stratégie, les ressources humaines, l'assistance juridique et fiscale, la gestion des achats, le développement commercial, etc., ou à la gestion de la trésorerie. Elle peut assurer des tâches administratives. La société peut aussi détenir les droits de licences du groupe, les noms commerciaux, etc., et les concéder à ses filiales. Ces opérations sont taxables à la TVA dans les conditions de droit commun.

La CJCE admet qu'il y a opération économique assujettie si la société holding fournit à ses filiales des services soumis à la TVA comme des services administratifs, comptables ou informatiques. On la considère comme une société holding mixte.

Ses deux principales sources de revenus sont :

* ceux relevant de son activité financière de holding de participation ;
* ceux relevant de son activité de services.

 Les holdings mixtes peuvent bénéficier de la déduction de la TVA. Cependant, ce droit à déduction est restreint, compte tenu de l'exercice partiel d'une activité financière non assujettie à la TVA. Dans la mesure où la société holding a des dépenses soumises à la TVA, il peut être avantageux de lui donner une activité afin de favoriser ses droits à déduction.

Pour se prononcer sur le régime de déduction de la société holding mixte, il convient de mener une analyse précise au vu de ses activités et de ses dépenses.

L'incidence des activités financières sur le coefficient d'assujettissement

La perception de dividendes, hors champ d'application de la TVA, affecte à la baisse le coefficient d'assujettissement.

Encore faut-il déterminer des dépenses soumises à la TVA engendrées par la perception de dividendes. On peut raisonnablement penser que ces dépenses relèvent des frais généraux ou même qu'aucune dépense n'est vraiment directement liée à la perception des dividendes.

La jurisprudence et l'administration fiscale ont des positions divergentes sur le point de savoir si la déduction est partielle ou totale quand la société a une activité partielle hors champ de la TVA.

L'entreprise détermine sous sa propre responsabilité la proportion des frais engendrée pour la réalisation d'opérations imposables.

Pour mémoire, il est noté que l'administration fiscale estime, ce qui est contesté par certains auteurs, qu'il convient d'attribuer un coefficient d'assujettissement égal à zéro pour les dépenses engagées pour la cession de titres de participation (Inst. 3 A-1-06).

La détermination du coefficient de taxation

Les activités non financières de la société holding mixte ouvrent en général droit à déduction, ce qui permet de les ajouter tant au numérateur qu'au dénominateur.

Nous avons vu qu'en principe, les produits financiers exonérés mais dans le champ d'application de la TVA n'apparaissaient pas au numérateur.

On porte au dénominateur l'ensemble du chiffre d'affaires annuel de l'entreprise qui concerne les opérations dans le champ d'application de la TVA, ouvrant droit à déduction ou pas. Les dividendes ne sont pas pris en compte.

Dans la mesure où le dénominateur est supérieur au numérateur, le coefficient de taxation est supérieur à zéro et inférieur à un.

La tolérance en cas d'opérations financières accessoires

Nous avons vu que selon les dispositions de l'article 206, III-3-3°-b de l'annexe II du CGI, le chiffre d'affaires relatif aux activités financières exonérées n'ouvrant pas droit à déduction peut être exclu du calcul coefficient (numérateur et dénominateur) si ces opérations présentent un caractère accessoire.

C'est le cas des opérations financières qui ont un lien avec l'activité principale de l'entreprise, et dont la réalisation nécessite l'utilisation de 10 % maximum des biens et services acquis par l'entreprise.

Il s'agit de calculer le pourcentage d'utilisation des biens et services pour ces opérations. On retient des éléments tels que la durée d'utilisation, les surfaces employées, etc. Cela peut s'avérer délicat en pratique. Pour le calcul des 10 %, on retient au numérateur les dépenses grevées de TVA supportées pour la réalisation des opérations financières exonérées, à l'exception de la quote-part des frais généraux, et au dénominateur les dépenses totales de l'entreprise grevées de TVA, hors frais généraux.

Afin d'éviter ce calcul fastidieux, l'administration fiscale tolère également cette exclusion si les produits des opérations financières n'excèdent pas 5 % du chiffre d'affaires total TTC de l'entreprise.

Les dividendes, qui sont hors champ d'application de la TVA, sont exclus du prorata.

 Exemple :

- La société Saturne, holding mixte, perçoit un chiffre d'affaires réparti de la façon suivante :

  - dividendes : 100 000 € ;
  - prestations de services : 200 000 € ;
  - intérêts : 10 000 €.

- Ses dépenses dont de 40 000 €, dont 10 000 € de frais généraux ; 1 000 € de dépenses concernent la perception des intérêts.

- Le calcul du pourcentage de 10 % pour déterminer si les revenus financiers sont accessoires, exclut les frais généraux. Il est donc égal à 1 000/30 000, c'est-à-dire 3 %.

- Le chiffre d'affaires relatif aux opérations financières est donc exclu du coefficient de taxation.

- Au cas d'espèce, les produits relatifs aux opérations financières exonérées, mais dans le champ d'application de la TVA, sont de 10 000/210 000 = 4,76 %.

- Ce seul calcul qui donne un résultat inférieur à 5 % suffit pour exclure les produits financiers du prorata.

La possible création de secteurs distincts d'activité pour éviter des déperditions

Le fait que les produits financiers ne soient pas accessoires limite les possibilités de déduction de TVA par la société holding.

L'entreprise peut constituer un secteur distinct d'activité pour ses opérations financières dans le champ de la TVA et exonérées. Un autre secteur peut être constitué pour les opérations non financières. Les droits à déduction sont calculés séparément pour chaque secteur, avec son propre chiffre d'affaires et ses propres dépenses. Cela peut permettre d'optimiser la déduction de la TVA.

Les dépenses qui concernent les deux secteurs sont « proratées » au vu des chiffres d'affaires respectifs des deux secteurs.

Le droit à déduction est en principe intégral (sauf exclusion de droit commun) pour le secteur non financier. À cet égard, il est nécessaire que les dépenses soient clairement identifiées comme étant affectées à une activité taxable. Par exemple, si une filiale facture des frais de personnel, il faut qu'il soit clair que ce personnel travaille sur les opérations taxables.

La société déclare obligatoirement la création des secteurs distincts d'activité dans les quinze jours suivant la création auprès du service des impôts dont elle dépend. Elle suit une comptabilité faisant apparaître distinctement les données comptables de chaque secteur. Elle souscrit une seule déclaration de chiffre d'affaires sur laquelle sont regroupés les éléments relatifs à chaque secteur d'activité. Une annexe 3310 ter, qui est présentée en annexe, est jointe à la déclaration de TVA.

Les incidences sur la taxe sur les salaires

Article 231 du CGI

Quand la taxe sur les salaires est-elle due?

Doivent la taxe sur les salaires les sociétés :

- qui ne sont pas assujetties à la TVA l'année du versement des rémunérations;
- ou celles qui ne l'ont pas été sur 90 % au moins de leur chiffre d'affaires au titre de l'année civile qui précède celle du paiement desdites rémunérations.

Le chiffre d'affaires à prendre en compte correspond au total des recettes et autres produits. Les sociétés dont toutes les recettes sont taxables à la TVA ne doivent donc pas du tout la taxe sur les salaires.

L'assiette de la taxe sur les salaires

La taxe sur les salaires porte sur une partie des rémunérations versées par la société holding mixte partiellement assujettie à la TVA.

Pour déterminer l'assiette de la taxe, il convient d'appliquer à l'ensemble des rémunérations le rapport prenant en compte au numérateur le total du chiffre d'affaires n'ayant pas ouvert droit à déduction de la TVA, y compris les dividendes, et au dénominateur le total du chiffre d'affaires, y compris celui relatif aux opérations n'entrant pas dans le champ d'application de la TVA.

Si ce rapport est compris entre 10 et 20 %, il y a lieu d'appliquer une décote.

Le taux de la taxe sur les salaires

Le taux normal de la taxe sur les salaires est de 4,25 %. Il est majoré selon le montant de l'assiette : 8,50 % pour la fraction des rémunérations individuelles annuelles comprise entre 7 491 euros et 14 960 euros, et 13,60 % pour la fraction de ces rémunérations excédant 14 960 euros.

Particularités des sociétés holding

Il vaut mieux analyser le risque d'application de la taxe sur les salaires lors de l'affectation du personnel à la société holding. Elle peut en être redevable dans la mesure où elle perçoit des dividendes de ses filiales ou d'autres produits financiers non soumis à la TVA. Il est préférable d'anticiper cette question afin de mettre en place des solutions opportunes.

Une société holding pure est redevable de la taxe sur les salaires de ses employés.

Une société holding mixte peut-être redevable de la taxe sur les salaires au titre d'une année n si elle n'a pas été assujettie à la TVA sur 90 % au moins de son chiffre d'affaires au titre de l'année n-1.

Lorsque le montant total des produits financiers (produits exonérés et/ou hors champ de la TVA) n'excède pas 5 % des recettes totales, l'administration admet qu'il n'y a pas lieu de tenir compte de ces produits pour la détermination du rapport d'assujettissement (lettre de la Direction de la Législation Fiscale ou DLF du 8 novembre 2006).

Si la société holding crée des secteurs distincts, elle en tire les conséquences au regard de la taxe sur les salaires pour chaque secteur.

L'administration fiscale considère qu'une activité hors du champ d'application de la TVA est assimilée à un secteur d'activité au regard de la taxe sur les salaires, même si elle ne constitue pas un secteur distinct d'activité pour la TVA.

Les rémunérations du personnel intégralement affecté au secteur d'activité assujetti et non financier ne sont pas soumises à la taxe sur les salaires.

 N'oubliez pas que la société holding doit être en mesure de justifier des tâches exercées par les personnes affectées à chaque secteur d'activité et de la nature précise des activités du secteur taxé.

 Exemple :

* La société holding mixte Mercure a perçu au cours de l'année 2010 les produits suivants :

  * prestations de services : 200 000 € HT ;
  * dividendes : 100 000 € ;
  * intérêts de prêts : 50 000 €.

* Cette société holding, partiellement assujettie à la TVA en 2010 et en 2011, est redevable de la taxe sur les salaires au titre de l'année 2011 dès lors qu'en 2010, le montant de ses recettes passibles de la TVA (200 000 €) a été inférieur à 90 % de ses recettes totales (350 000 € x 90 % = 315 000 €).

* Prorata à prendre en compte pour déterminer l'assiette de la taxe sur les salaires :

* Le numérateur est égal au chiffre d'affaires n'ouvrant pas droit à déduction, soit le total des dividendes de 100 000 € et des intérêts 50 000 €, soit 150 000 €.

* Le dénominateur est égal au total du numérateur, soit 150 000 €, et du chiffre d'affaires hors taxes relatif aux prestations de services de 200 000, soit 350 000 €.

* Le rapport d'assujettissement qui en découle est appliqué à l'ensemble des rémunérations afin de déterminer l'assiette de la taxe sur les salaires.

* Il est donc de : 150 000/350 000 = 42,86 %, arrondi à 42 %.

* Si le montant total des produits financiers (produits exonérés et/ou hors champ de la TVA) n'excède pas 5 % des recettes totales, il n'y a pas lieu de tenir compte de ces produits pour déterminer le rapport d'assujettissement.

Chapitre 2

TVA sur les ventes de biens d'occasion

La clé en quelques mots

Le régime de la TVA sur la marge sur les biens d'occasion permet de réduire l'assiette de la TVA et donc le prix TTC. La base imposable n'est pas le prix hors taxes du bien, mais seulement la marge réalisée sur l'opération.

Ce régime ne vaut que parce que le premier consommateur du bien, en général un particulier, a payé la TVA et ne l'a pas récupérée.

Il est soumis à des règles très strictes et à une surveillance particulière de la part de l'administration fiscale pour éviter toute dérive, en particulier dans le domaine des véhicules d'occasion.

La TVA est appliquée sur la marge

Ce régime particulier, avantageux pour les consommateurs, concerne les assujettis revendeurs qui réalisent des opérations sur des biens d'occasion, antiquités, objets de collection ou œuvres d'art.

Dans la mesure où les biens d'occasion ont déjà été taxés à la TVA sur la première vente à un consommateur final, en général un particulier qui n'a pas récupéré la TVA, le revendeur a le droit de n'appliquer la TVA que sur la marge réalisée, c'est-à-dire sur la différence entre le prix de vente et le prix d'achat.

Pour que cela soit possible, il est nécessaire que la vente qui a été faite à l'assujetti-revendeur ait été réalisée par une personne qui n'a pas récupéré la TVA. Il s'agit souvent d'un particulier, mais cela peut être aussi un assujetti entrant dans le cadre du régime de la franchise ou un autre « assujetti-revendeur » soumis au régime de la marge sur cette vente.

Il est possible pour l'assujetti-revendeur d'opter pour le régime général opération par opération, ce qui peut lui permettre de récupérer la TVA éventuellement payée en amont.

 Exemple :

* L'assujetti revendeur Uranus achète un bien pour 10 000 €. Il le revend 12 000 € TTC.

* Sa marge est de 2 000 € avec la TVA collectée. Sa marge nette de TVA se calcule en appliquant la formule suivante : 2 000/119,6 % = 1 672 €

* La TVA collectée est de 1 672 € X 19,6 % = 328 €.

* Si Uranus avait revendu le bien selon le régime général avec un prix de vente de 11 672 €, le consommateur aurait payé un prix TTC de 11 672 € x 119,6 % = 13 960 €, avec une TVA de 2 287 € soit 1 960 € de plus qu'avec le régime sur la marge.

Cet exemple illustre la raison pour laquelle ce régime est si attractif pour les véhicules d'occasion. Le régime de la TVA sur la marge pour les véhicules d'occasion peut entraîner des redressements de TVA importants pour l'assujetti-revendeur s'il ne respecte pas à la lettre les textes et notamment le formalisme. Pour cela, il doit veiller à la conformité des renseignements qui lui sont donnés lors de ses achats.

 Veillez à bien distinguer en comptabilité les opérations soumises à la marge des autres.

Des particularités sont prévues pour les opérations intracommunautaires

Opérations à l'intérieur de l'UE

Article 256 bis I 2°) bis du CGI

Rappel des principes

Les acquisitions intracommunautaires donnent en principe lieu au paiement de la TVA en France lors de leur livraison, et les reventes des biens concernés sont soumises à la TVA sur le prix total.

Les achats de biens d'occasion en provenance d'un État de l'UE ne sont pas considérés comme des acquisitions intracommunautaires taxables à la TVA selon le régime général si les biens sont livrés par un assujetti-revendeur identifié à la TVA qui a appliqué dans l'État membre de départ du bien le régime de la TVA sur la marge bénéficiaire selon la septième directive. Cela n'est possible que si le bien n'a pas déjà donné droit à déduction. La revente peut alors être taxée selon le régime de la marge.

Si la livraison intracommunautaire de biens d'occasion est soumise au régime de la marge, elle ne bénéficie pas de l'exonération des livraisons intracommunautaires.

 Attention au formalisme : les mentions obligatoires de la facture d'achat doivent indiquer en particulier les références indispensables au contrôle de l'application de la septième directive et en particulier la mention du texte applicable. En France, c'est l'article 256 bis I 2°) bis du CGI qui est indiqué. La TVA étrangère n'apparaît pas sur la facture.

Les assujettis revendeurs ont la possibilité d'opter pour le régime général comme en droit interne.

Le cas particulier des véhicules d'occasion

Quel particulier n'a pas entendu parler de l'astuce qui consiste pour un garagiste à acheter une voiture d'occasion venant d'un autre État de l'Union Européenne afin de la revendre moins cher, grâce à l'application de la septième directive européenne ?

Ce système, avantageux pour l'acheteur, n'est pas sans risques pour le vendeur. Si la TVA a été déduite antérieurement, par exemple par un loueur de véhicules, et que la TVA est ensuite appliquée sur la marge, le fisc est lésé de la différence entre la TVA sur le prix total et celle sur la marge. Les règles sont strictes et le fisc sévère, car des circuits de fraude se sont développés au sein de l'UE. Une jurisprudence abondante anime le débat sur ce sujet. Comment y voir clair et faire la part des choses entre ce qui est possible légalement et ce qui est condamnable ?

Le formalisme peut être complexe à vérifier compte tenu des différences linguistiques et de codifications de la directive selon les pays, ainsi que des commentaires, plus ou moins clairs, des administrations fiscales sur ce sujet.

Quels sont les risques ? Si les conditions ne sont pas respectées, l'acquisition du véhicule par le garagiste français est soumise à la TVA avec une amende de 5 % en présence d'une TVA déductible, et la revente doit donner lieu à la TVA sur le prix de vente total. Le redressement se traduit donc par un coût important pour le garagiste qui ne peut réclamer à son client le complément de prix causé par le redressement de TVA. Compte tenu de l'existence de circuits de fraude organisés, l'administration fiscale est suspicieuse et applique facilement les pénalités pour manquement délibéré, et parfois des sanctions plus graves. Il peut y avoir un risque d'ordre pénal, surtout si la société est liquidée suite au redressement.

 Si vous êtes un garagiste souhaitant acheter des véhicules d'occasion selon le régime de la marge, demandez un projet de facture pour vérifier les mentions. En cas de doute, demandez à l'administration de se prononcer par écrit ou consultez un avocat fiscaliste expérimenté sur ce sujet. L'administration effectue des recoupements avec les administrations fiscales des autres pays, et a ainsi souvent connaissance de sociétés établies dans un autre État pour frauder. Contrairement à ce que l'on pourrait penser, le visa donné par l'administration lors du dépôt du dossier d'immatriculation à la préfecture n'est pas considéré comme une validation du dossier sur le plan de la TVA.

En cas de redressement, on peut se réjouir que l'évolution de la jurisprudence récente soit favorable au contribuable s'il n'a pas fraudé de manière avérée et a respecté certaines règles. Vérifiez le formalisme des factures et les circonstances du dossier, en particulier au vu de l'activité de votre fournisseur et du contenu des cartes grises remises. En cas de redressement, rapprochez-vous des critères dégagés par la jurisprudence récente, y compris européenne, pour préparer les éléments de défense de votre dossier. Le débat demeure très technique.

Quelles précautions prendre avant d'appliquer le taux réduit pour les travaux réalisés dans les logements?

La clé en quelques mots

Avant d'appliquer le taux réduit, vérifiez que les locaux concernés peuvent donner droit à ce taux; que les travaux demandés correspondent aux caractéristiques requises; que les conditions, notamment formelles, sont remplies.

163

À condition de respecter un certain nombre de conditions, les travaux réalisés dans les logements peuvent bénéficier du taux réduit de 5,5%.

Ce sujet donne lieu à de nombreux redressements coûteux pour les entreprises qui doivent payer le différentiel entre le taux réduit de 5,5% et celui normal de 19,6%. En pratique, elles peuvent difficilement se retourner contre leur client.

Quels sont les locaux concernés?

Il s'agit des logements d'habitation, que ce soit la résidence principale ou secondaire, achevés depuis plus de deux ans. Les dépendances des logements (caves garages, loggias, etc.) sont également concernées. Les travaux peuvent être commandés par le propriétaire, le locataire ou un occupant.

L'administration vérifie souvent le caractère effectif de l'affectation à l'habitation. Il existe des conditions particulières pour les travaux réalisés pour des établissements qui ont une activité d'hébergement à titre principal ou accessoire, ou pour les parties communes d'immeubles. Les locaux neufs sont en principe exclus.

Quels sont les travaux visés par le taux réduit?

Les travaux visent à améliorer, transformer, aménager ou entretenir. La main-d'œuvre et les équipements facturés par l'entreprise sont concernés.

Parmi les travaux éligibles, citons ceux d'entretien courant (peinture, changement de moquette, pose de papier peint), l'installation de l'électricité ou de la plomberie, l'isolation, le gros entretien, le ravalement de façade, les dépenses résultant d'un contrat de maintenance, etc.

Les équipements de cuisine, de salle de bain et de rangement doivent respecter trois conditions afin de pouvoir bénéficier du taux réduit :

- être incorporés au bâti ;
- être adaptés à la configuration des locaux ;
- faire partie d'une installation complète.

Cela permet de viser les éléments de cuisine, mais pas les appareils ménagers, même s'ils sont intégrés dans les meubles. Attention, cela exclut certains équipements comme les meubles et les rangements, dès lors que l'on peut les retirer sans détériorer le bâti ou le meuble.

 Les équipements fournis et installés par l'artisan dans le cadre des travaux visés par le taux réduit en bénéficient également. Faites-le savoir à vos clients, qui, s'ils achètent leurs équipements en direct, paient dessus la TVA au taux normal.

Les travaux ne doivent pas concourir à la production d'un immeuble neuf. Cette notion s'apprécie au regard de leur nature et de leur ampleur sur une période de deux ans. C'est le cas si les travaux sont tellement importants que l'administration peut considérer qu'ils ne constituent plus une simple amélioration, mais qu'ils concourent à la production d'un immeuble neuf.

Il y a production d'un immeuble neuf si les travaux, appréciés sur une période de deux ans :

→ Remettent à l'état neuf plus de la moitié du gros œuvre (fondations, charpentes, murs porteurs).

→ Ou rendent à l'état neuf plus des deux tiers chacun des six éléments du second œuvre :

- installations sanitaires et de plomberie ;
- installations électriques ;
- système de chauffage ;
- planchers non porteurs ;
- huisseries extérieures ;
- cloisons.

→ Ou augmentent la surface de plus de 10 %.

→ Ou aboutissent à une addition de construction ou à une surélévation du bâtiment.

Certaines dépenses sont exclues expressément : systèmes de chauffage dans les immeubles collectifs, honoraires de l'architecte ou du maître d'œuvre, piscines, etc.

L'administration fiscale a publié une très volumineuse instruction 3 C-7-06 qui entre dans le détail des travaux éligibles au taux réduit. Elle prend en compte le type de locaux concernés, l'activité des établissements d'hébergement, les équipements et leurs accessoires, les prestations admises, l'ampleur des travaux, le formalisme, Il convient de n'avoir aucun *a priori* sur les positions de l'administration. Elles sont plus ou moins favorables selon les cas. N'hésitez pas à consulter cette instruction ainsi que les décisions de rescrits rendues par l'administration et publiées sur www.impôts.gouv.fr.

Quelles sont les obligations à remplir ?

Une première obligation concerne l'attestation que doit vous remettre votre client. C'est lui qui atteste de la possibilité d'appliquer le taux réduit.

Pourtant, si votre entreprise est contrôlée, bien que vous soyez détenteur d'une attestation, on peut vous reprocher de ne pas avoir vérifié que les conditions d'application du taux réduit étaient remplies. En tant que professionnel ayant réalisé les travaux, il peut être difficile de démontrer que vous n'étiez pas au courant de certains éléments de fait soulevés par l'administration pour rejeter le taux réduit. Vous avez donc intérêt à ne pas vous contenter de recevoir un document signé du client, mais aussi à en vérifier la validité avant tout engagement sur le taux de la TVA.

L'attestation originale doit vous être remise au plus tard avant la facturation. Elle pourra être produite en cas de demande de l'administration fiscale. L'entreprise la conserve à l'appui de la comptabilité.

Il existe deux types d'attestations, qui sont présentées en annexe, dont le contenu diffère selon le type de travaux exécutés :

- un modèle simplifié pour les travaux n'affectant pas sur deux ans les éléments du gros œuvre ou pas plus de cinq des six lots de second œuvre ;
- un modèle normal pour les autres cas.

L'attestation engage la responsabilité du preneur. Le client peut être tenu solidairement au paiement de l'impôt s'il a fourni des informations inexactes. En pratique, il est difficile pour le fournisseur de se retourner contre le client pour lui réclamer le complément d'impôt. Le taux réduit est, parfois de façon un peu hardie, un argument de vente qu'il convient pourtant de border par la vérification en amont des conditions d'application.

En cas de doute, il est possible de prendre contact avec le service des impôts des entreprises du lieu de situation de l'immeuble afin de lui demander de se prononcer. Il convient de lui communiquer tous les éléments utiles : plans avant et après travaux, devis détaillés, tout autre document utile. Cela est recommandé dès lors que les travaux sont d'une ampleur ou d'une variété importante, ou en cas de doute.

Les 10 commandements en matière de TVA

1. Dès la création de l'entreprise, faites-vous conseiller par un professionnel sur le régime TVA adapté à l'activité et veillez à respecter le formalisme requis et les délais de déclaration.

2. Suivez la réglementation détaillée à jour au vu des opérations réalisées, de la situation de l'entreprise, et de celle de vos fournisseurs ou clients.

3. Ne décalez jamais le paiement de la TVA due sous peine de vous exposer à des sanctions d'ordre pénal.

4. Pour les opérations intracommunautaires, rajoutez ou faites rajouter par le fournisseur la référence au texte européen (numéro de directive) qui est applicable, et n'oubliez pas le numéro intracommunautaire.

5. En cas d'opération ne relevant pas de l'activité habituelle de l'entreprise, interrogez-vous sur la TVA déductible, par exemple la TVA sur les dépenses supportées pour une augmentation de capital.

6. Vérifiez la traduction des factures internationales et exigez du fournisseur une rédaction conforme aux textes en vigueur.

7. Précisez dans les contrats de vente internationaux la décomposition du prix faisant apparaître la TVA, le redevable de la TVA, ainsi que les modalités et les justificatifs de règlement ou d'exonération requis.

8. Pour vos opérations relevant du commerce international, faites le lien entre la TVA et l'Incoterm, et les autres aspects fiscaux, notamment ceux liés à l'existence d'un établissement stable ou aux retenues à la source applicables, et, le cas échéant, adaptez la clause fiscale du contrat avec l'aide d'un avocat expérimenté.

9. N'envoyez pas les factures par Internet, sauf à avoir vérifié la validité du système de facturation.

10. Pour les sociétés holdings, traitez la TVA en relation avec la taxe sur les salaires et, le cas échéant, avec l'impôt de solidarité sur la fortune (ISF) du dirigeant.

168

Annexes

Déclaration CA3

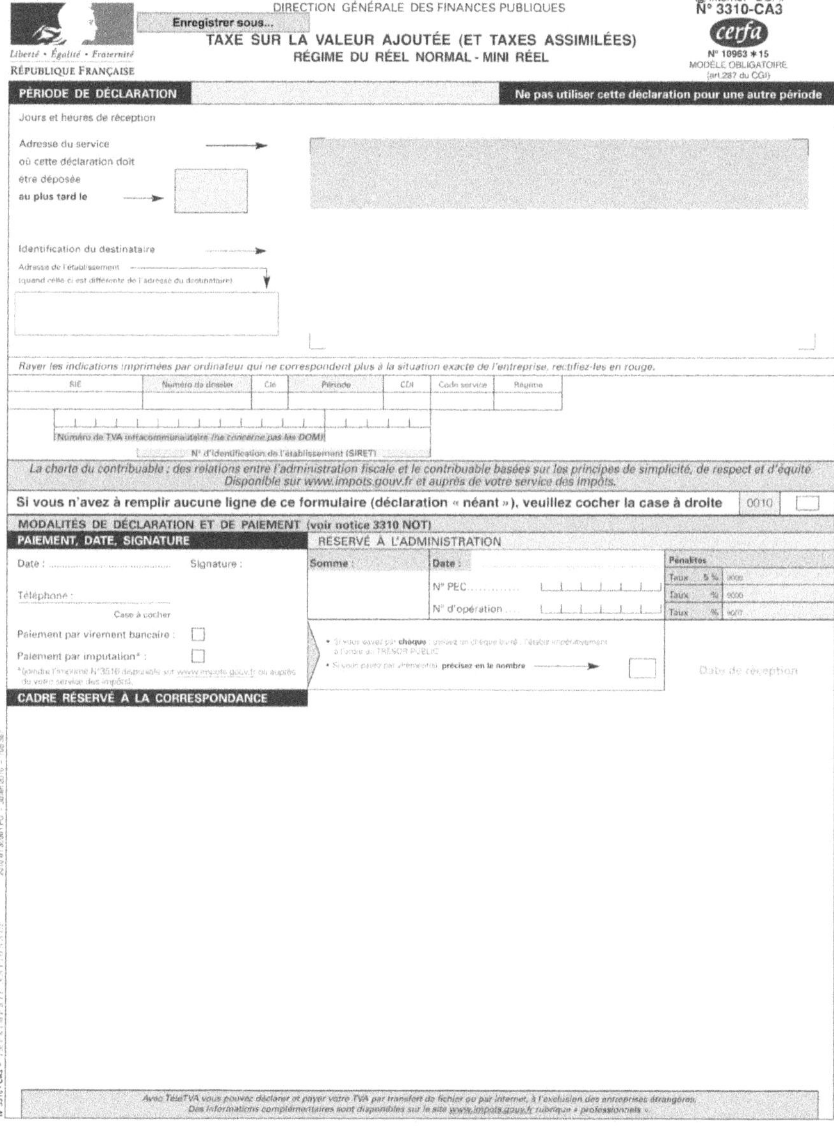

A MONTANT DES OPÉRATIONS RÉALISÉES

OPÉRATIONS IMPOSABLES (H.T.)

01	Ventes, prestations de services		
02	Autres opérations imposables	0981	
2A	Achats de prestations de services intracommunautaires (article 283-2 du Code général des impôts)	0044	
03	Acquisitions intracommunautaires (dont ventes à distance et/ou opérations de montage : ....)	0031	
3A	Livraisons de gaz naturel ou d'électricité imposables en France	0030	
3B	Achats de biens ou de prestations de services réalisés auprès d'un assujetti non établi en France (article 283-1 du Code général des impôts)	0040	
3C	Régularisations...... (Important : cf. notice)	0036	

OPÉRATIONS NON IMPOSABLES

04	Exportations hors CE	0032	
05	Autres opérations non imposables	0033	
06	Livraisons intracommunautaires	0034	
6A	Livraisons de gaz naturel ou d'électricité non imposables en France	0029	
07	Achats en franchise	0037	
7A	Ventes de biens ou prestations de services réalisées par un assujetti non établi en France (article 283-1 du Code général des impôts)	0043	
7B	Régularisations...... (Important : cf. notice)	0039	

B DÉCOMPTE DE LA TVA À PAYER

TVA BRUTE

			Base hors taxe	Taxe due
	Opérations réalisées en France métropolitaine			
08	Taux normal 19,6 %	0206		
09	Taux réduit 5,5 %	0105		
9B				
	Opérations réalisées dans les DOM			
10	Taux normal 8,5 %	0201		
11	Taux réduit 2,1 %	0100		
12				
	Opérations imposables à un autre taux (France métropolitaine ou DOM)			
13	Ancien taux	0900		
14	Opérations imposables à un taux particulier (décompte effectué sur annexe 3310 A)	0950		
15	TVA antérieurement déduite à reverser	0600		

> **La ligne 11 ne concerne que les DOM. Les autres opérations relevant du taux de 2,1 % continuent d'être déclarées sur l'annexe 3310 A.**

16	Total de la TVA brute due (lignes 08 à 15)		
17	Dont TVA sur acquisitions intracommunautaires	0035	
18	Dont TVA sur opérations à destination de Monaco	0038	

TVA DÉDUCTIBLE

19	Biens constituant des immobilisations	0703	
20	Autres biens et services	0702	
21	Autre TVA à déduire	0059	
	(dont régularisation sur de la TVA collectée [cf. notice] ....)		
22	Report du crédit apparaissant ligne 27 de la précédente déclaration	8001	
23	**Total TVA déductible (lignes 19 à 22)**		
22A	*Indiquer ici le coefficient de taxation forfaitaire applicable pour la période s'il est différent de 100 %* ____ %		
24	Dont TVA non perçue récupérable par les assujettis disposant d'un établissement stable dans les DOM (articles 295-1-5° et 295 A du code général des impôts)	0709	

CRÉDIT

25	Crédit de TVA (ligne 23 – ligne 16)	0705	
26	Remboursement demandé sur formulaire n° 3519 joint	8002	
27	Crédit à reporter (ligne 25 – ligne 26)	8003	
	(Cette somme est à reporter ligne 22 de la prochaine déclaration)		

Attention ! Une situation de TVA créditrice (ligne 25 servie) ne dispense pas du paiement des taxes assimilées déclarées ligne 29.

TAXE À PAYER

28	TVA nette due (ligne 16 – ligne 23)		
29	Taxes assimilées calculées sur annexe n° 3310 A	9979	
30	Sommes à imputer, exprimées en euros, y compris acompte congés	9989	
31	Sommes à ajouter, exprimées en euros, y compris acompte congés	9999	
32	Total à payer (lignes 28 + 29 – 30 + 31) *(N'oubliez pas de joindre le règlement correspondant)*		

• *TVA Mode d'emploi*

Annexe 3310 ter à la déclaration CA3 pour les entreprises ayant créé des secteurs distincts d'activité

DIRECTION GÉNÉRALE DES FINANCES PUBLIQUES

@internet-DGFiP

N° 3310-*ter*

cerfa

N°10203*09

**ANNEXE À LA DÉCLARATION MENSUELLE OU TRIMESTRIELLE (CA 3)
DE TAXE SUR LA VALEUR AJOUTÉE**

SECTEURS D'ACTIVITÉ DISTINCTS

Enregistrer sous...

Mois d .... ou ....° trimestre ....

NOM, PRÉNOM : ....
(ou dénomination de l'entreprise)

ACTIVITÉ EXERCÉE : ....

ADRESSE : ....

N° SIRET : ....

La charte du contribuable : des relations entre l'administration fiscale et le contribuable, basées sur les principes de simplicité, de respect et d'équité. Disponible sur www.impots.gouv.fr et auprès de votre service des impôts.

Objet de ce document

Cette annexe dont la production n'est pas obligatoire est réservée aux redevables dont les secteurs d'activité situés dans le champ d'application de la TVA ne sont pas soumis à des dispositions identiques en matière de TVA et qui, de ce fait, sont tenus de constituer des comptes distincts pour l'application du droit à déduction. Ce document facilite le calcul des droits à déduction par secteur, en fonction des limitations particulières à chacun des secteurs. Il doit être rempli avant la déclaration CA 3 qui ainsi récapitule les opérations de l'ensemble des secteurs. Il permet en outre aux entreprises de justifier, dans de bonnes conditions, auprès de l'administration, notamment à l'occasion d'une demande de remboursement de taxe non imputable, la quotité des droits à déduction mentionnés sur leur déclaration.

Conseils pour établir ce document

Il convient tout d'abord de procéder, ci-dessous, à l'identification de chacun de vos secteurs d'activité.
Vous devez ensuite effectuer le décompte de la TVA due par secteurs au verso de ce document. Le total de la TVA brute afférente aux recettes provenant de l'ensemble des activités de l'entreprise, le total des droits à déduction tous secteurs confondus ainsi que le résultat de la liquidation (TVA nette due ou crédit de TVA) sont reportés sur la déclaration CA 3. Une ligne vous indique les correspondances avec cette déclaration.

La déclaration annexe doit être jointe à la déclaration CA 3 trimestrielle ou mensuelle globale.

ATTENTION : Si vous réalisez des exportations et si vous déposez une demande de remboursement de crédit de TVA spéciale « exportateurs », vous devez déterminer le montant du crédit remboursable sur l'imprimé n° 3519. Le crédit non restituable sur un secteur donné ne peut pas être imputé sur un autre secteur. Il est ajouté ligne 15 « TVA antérieurement déduite à reverser » de la déclaration CA 3 du mois ou du trimestre M et déduit le mois ou le trimestre suivant, à la ligne 21.

Cœfficient de taxation forfaitaire général de l'entreprise [1] : [   ] %

	Secteurs distincts d'activité (en particulier identification des immeubles dont une partie des loyers est soumise à la TVA par option ou à titre obligatoire)	Cœfficient de taxation propre à chaque secteur [2]
secteur n° 1		
secteur n° 2		
secteur n° 3		
secteur n° 4		
secteur n° 5		
secteur n° 6		
secteur n° 7		
secteur n° 8		
secteur n° 9		
secteur n° 10		

(1) Ce cœfficient de taxation résulte du rapport : $\dfrac{\text{total du chiffre d'affaires HT ouvrant droit à déduction de l'entreprise}}{\text{total du chiffre d'affaires HT de l'entreprise entrant dans le champ d'application de la TVA}}$

(2) Ce cœfficient de taxation est déterminé pour chaque secteur à partir du rapport suivant : $\dfrac{\text{chiffre d'affaires HT ouvrant droit à déduction du secteur}}{\text{total du chiffre d'affaires HT du secteur}}$

MINISTÈRE DU BUDGET
DES COMPTES PUBLICS
DE LA FONCTION PUBLIQUE
ET DE LA RÉFORME DE L'ÉTAT

SECTEUR	TVA BRUTE		
	TVA brute	TVA à reverser [1]	TOTAL (col. 1 + 2)
	col. 1	col. 2	col. 3
1			
2			
3			
4			
5			
6			
7			
8			
9			
10			
ENSEMBLE DES SECTEURS (à reporter sur les lignes de la déclaration CA 3)	(lignes 8 à 14)	(ligne 15) [2]	(ligne 16 = col. 3 + col. 14 si servie)

SECTEUR	DÉTERMINATION DE LA TVA DÉDUCTIBLE					
	TVA déductible sur immobilisations			TVA déductible sur autres biens et services		
	affectées à un secteur déterminé		TOTAL (col. 4 + 5)	concourant dans le secteur à la réalisation d'opérations ouvrant droit à déduction		TOTAL (col. 7 + 8)
	exclusivement [3]	non exclusivement [4]		exclusivement [5]	non exclusivement [6]	
	col. 4	col. 5	col. 6	col. 7	col. 8	col. 9
1						
2						
3						
4						
5						
6						
7						
8						
9						
10						
ENSEMBLE DES SECTEURS (à reporter sur les lignes de la déclaration CA 3)			(ligne 19)			(ligne 20)

SECTEUR	TVA DÉDUCTIBLE		RÉSULTAT NET		
	Complément de TVA déductible [7]	TOTAL (col. 6 + 9 + 10)	TVA NETTE (col. 3 − 11 si >0)	CRÉDIT DE TVA	
				Crédit de TVA (col. 11 − 3 si >0)	dont crédit non restituable [8]
	col. 10	col. 11	col. 12	col. 13	col. 14
1					
2					
3					
4					
5					
6					
7					
8					
9					
10					
ENSEMBLE DES SECTEURS (à reporter sur les lignes de la déclaration CA 3)	(ligne 21 et/ou 22 [9])	(ligne 24)			(ligne 15) [8]
TVA nette due [10] ou crédit de TVA [11] de l'ensemble des secteurs. Ce montant doit être reporté ligne 25 (crédit) ou ligne 28 (TVA nette due) de la déclaration CA 3					

(1) Il s'agit de la TVA antérieurement déduite lorsque des régularisations de déductions sont nécessaires (modification du coefficient de taxation, réception de factures d'avoirs des fournisseurs ...).

(2) Reportez ligne 15 de votre déclaration CA 3 le montant de la TVA à reverser (total de la col. 2) ainsi que le montant du crédit de TVA non restituable (total de la col. 14).

(3) TVA déductible (sous réserve des exclusions et limitations de droit commun) : TVA afférente aux immobilisations × coefficient propre au secteur.

(4) TVA déductible (sous réserve des exclusions et limitations de droit commun) : TVA afférente aux immobilisations × coefficient commun des secteurs concernés.

Cette TVA déductible est ensuite répartie entre les secteurs concernés à partir du rapport : $\dfrac{\text{total du chiffre d'affaires HT du secteur}}{\text{total du chiffre d'affaires HT des secteurs concernés}}$

(5) La déduction est totale si le bien ou le service concourt exclusivement à la réalisation d'opérations ouvrant droit à déduction. Cette déduction est exercée par secteur en fonction de l'affectation précise des biens.

(6) Si le bien ou le service est affecté à l'ensemble des opérations d'un secteur, la TVA déductible est égale à : TVA afférente au bien, ou service × coefficient de taxation du secteur.

(7) TVA omise sur les précédentes déclarations et report de crédit, y compris le crédit de TVA non restituable dégagé colonne 14 de la précédente annexe 3310-ter.

(8) Le crédit non restituable n'est utilisé que dans le cadre d'une demande de remboursement de crédit de TVA selon la procédure spéciale « exportateurs ». Il correspond au crédit de TVA excédant éventuellement le montant de la TVA fictive déterminée sur l'imprimé n° 3519, et au crédit de TVA dégagé le cas échéant sur les secteurs ne réalisant pas d'exportations.

(9) Ventilez, le cas échéant, le total entre les lignes 21 et 22 de la déclaration CA3.

(10) « TVA nette due » si [(col. 12 + col. 14) − col. 13] supérieur ou égal à 0.

(11) « Crédit de TVA » si [col. 13 − (col. 12 + col. 14)] supérieur à 0.

• TVA Mode d'emploi

TVA au taux réduit : attestation simplifiée

Liberté • Égalité • Fraternité
RÉPUBLIQUE FRANÇAISE

1301-SD
(06-2008)

ATTESTATION SIMPLIFIEE[1]

---

① IDENTITÉ DU CLIENT OU DE SON REPRESENTANT

Je soussigné(e) :
Nom : .... *Prénom* : ....
Adresse : .... *Commune*..*Code postal* : ....

---

② NATURE DES LOCAUX

J'atteste que les travaux à réaliser portent sur un immeuble achevé depuis plus de deux ans à la date de commencement des travaux et affecté à l'habitation à l'issue de ces travaux :

☐ *maison ou immeuble individuel* ☐ *immeuble collectif* ☐ *appartement individuel*

☐ *autre (précisez la nature du local à usage d'habitation)* ....

Les travaux sont réalisés dans :

☐ *un local affecté exclusivement ou principalement à l'habitation*

☐ *des pièces affectées exclusivement à l'habitation situées dans un local affecté pour moins de 50 % à cet usage*

☐ *des parties communes de locaux affectés exclusivement ou principalement à l'habitation dans une proportion de (....................) millièmes de l'immeuble*

☐ *un local antérieurement affecté à un usage autre que d'habitation et transformé à cet usage*

Adresse[2] : ....*Commune*..*Code postal* : ....

dont je suis : ☐ *propriétaire* ☐ *locataire* ☐ *autre (précisez votre qualité)* : ....

---

③ NATURE DES TRAVAUX

J'atteste que sur la période de deux ans précédant ou suivant la réalisation des travaux décrits dans la présente attestation, les travaux :
☐ n'affectent ni les fondations, ni les éléments, hors fondations, déterminant la résistance et la rigidité de l'ouvrage, ni la consistance des façades (hors ravalement).
☐ n'affectent **pas plus de cinq des six éléments** de second œuvre suivants :
Cochez les cases correspondant aux éléments affectés : ☐ **planchers qui ne déterminent pas la résistance ou la rigidité de l'ouvrage** ☐ **huisseries extérieures** ☐ **cloisons intérieures** ☐ **installations sanitaires et de plomberie** ☐ **installations électriques** ☐ **système de chauffage** *(pour les immeubles situés en métropole)*
NB : tous les autres travaux sont sans incidence sur le bénéfice du taux réduit.
☐ n'entraînent pas une augmentation de la surface de plancher hors œuvre nette (majorée pour les bâtiments d'exploitations agricoles de la surface de plancher hors œuvre brute) des locaux existants supérieure à 10 %.
☐ ne consistent pas en une surélévation ou une addition de construction.

---

④ CONSERVATION DE L'ATTESTATION ET DES PIECES JUSTIFICATIVES

Je conserve une copie de cette attestation ainsi que de toutes les factures ou notes émises par les entreprises prestataires jusqu'au 31 décembre de la cinquième année suivant la réalisation des travaux et m'engage à en produire une copie à l'administration fiscale sur sa demande.

Si les mentions portées sur l'attestation s'avèrent inexactes de votre fait et ont eu pour conséquence l'application erronée du taux réduit de la TVA, vous êtes solidairement tenu au paiement du complément de taxe résultant de la différence entre le montant de la taxe due (TVA au taux de 19,6 %) et le montant effectivement payé (TVA au taux de 5,5 %).

Fait à..............................., le..................

Signature du client ou de son représentant :

---

[1] Pour remplir cette attestation, cochez les cases correspondant à votre situation et complétez les rubriques en pointillés. Vous pouvez vous aider de la notice explicative.
[2] Si différente de l'adresse indiquée dans le cadre ①.

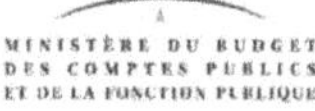

MINISTÈRE DU BUDGET
DES COMPTES PUBLICS
ET DE LA FONCTION PUBLIQUE

NOTICE (ATTESTATION SIMPLIFIEE)

> Le taux réduit de la TVA prévu à l'article 279-0 bis du code général des impôts (CGI) s'applique, sous certaines conditions, aux travaux d'amélioration, de transformation, d'aménagement et d'entretien de locaux à usage d'habitation achevés depuis plus de deux ans. Pour bénéficier du taux réduit vous devez attester que ces conditions sont réunies. Deux modèles d'attestation sont à votre disposition pour effectuer cette démarche. Vous pouvez utiliser l'attestation simplifiée pour tous les travaux n'affectant, sur une période de deux ans, aucun des éléments de gros œuvre et pas plus de cinq des six lots de second œuvre définis au 2) du A ci-dessous [1]. L'attestation normale est à utiliser dans les autres cas.

A - Quel est l'objet de cette attestation ?

Elle garantit que sont réunies les conditions prévues par l'article 279-0 bis du code général des impôts (CGI) pour bénéficier du taux réduit de la taxe sur la valeur ajoutée (TVA) sur les travaux d'amélioration, de transformation, d'aménagement et d'entretien de locaux à usage d'habitation achevés depuis plus de deux ans.

En effet, le taux réduit de la TVA ne s'applique pas aux travaux qui :
1) soit portent sur des locaux autres que d'habitation à l'issue des travaux, ou achevés depuis moins de deux ans ;
2) soit concourent à la production d'un immeuble neuf, c'est-à-dire les travaux qui rendent à l'état neuf le gros œuvre (la majorité des fondations ou des autres éléments qui déterminent la résistance et la rigidité de l'ouvrage ou de la consistance des façades hors ravalement) ou au moins deux tiers de chacun des éléments de second œuvre (les planchers non porteurs, c'est-à-dire ne déterminant pas la résistance ou la rigidité de l'ouvrage : les huisseries extérieures ; les cloisons intérieures ; les installations sanitaires et de plomberie ; les installations électriques ; le système de chauffage (en métropole) ;
3) soit augmentent la surface de plancher des locaux existants de plus de 10 % :
4) soit conduisent à une surélévation du bâtiment ou à une addition de construction ;
5) soit consistent en des travaux de nettoyage, soit concernent l'aménagement et l'entretien des espaces verts, soit correspondent à la fourniture d'équipements ménagers ou mobiliers ou de gros équipements listés à l'article 30-00 A de l'annexe IV au CGI.

B - Comment remplir cette attestation ?

Cadre ① IDENTITE DU CLIENT OU DE SON REPRESENTANT : L'attestation est remplie par la personne qui fait effectuer les travaux (propriétaire occupant, propriétaire bailleur, locataire, syndicat de copropriétaires, etc.). C'est à elle de justifier qu'elle a respecté les mentions portées sur l'attestation. Si l'administration conteste les informations portées sur l'attestation, c'est l'administration qui devra apporter la preuve que celles-ci sont inexactes.

Cadre ② NATURE DES LOCAUX : pour bénéficier du taux réduit de la TVA, les travaux doivent porter sur des locaux à usage d'habitation achevés depuis plus de deux ans. Le taux réduit est également applicable aux travaux qui ont pour objet d'affecter principalement à un usage d'habitation un local précédemment affecté à un autre usage sauf s'ils concourent à la production d'un immeuble neuf.

Cadre ③ NATURE DES TRAVAUX : Cochez les cases correspondant à votre situation.

C - A qui remettre l'attestation ?

Cadre ④ REMISE DE L'ATTESTATION ET CONSERVATION DES PIECES JUSTIFICATIVES : L'attestation, une fois complétée, datée et signée, doit être remise au prestataire effectuant les travaux, avant leur commencement (ou au plus tard avant la facturation). Lorsqu'il y a plusieurs prestataires, un original de l'attestation doit être remis à chacun d'entre eux.

Vous devez conserver une copie de l'attestation ainsi que l'ensemble des factures ou notes émises par le(s) prestataire(s) ayant réalisé des travaux jusqu'au 31 décembre de la cinquième année suivant leur réalisation. Elles devront en effet être produites si l'administration vous demande de justifier de l'application du taux réduit de la TVA.

D - Quelles sont les conséquences de la remise d'une attestation erronée ?

Si les mentions portées sur l'attestation s'avèrent inexactes de votre fait et ont eu pour conséquence l'application erronée du taux réduit de la TVA, vous êtes solidairement tenu au paiement du complément de taxe résultant de la différence entre le montant de la taxe due (TVA au taux de 19,6 %) et le montant effectivement payé (TVA au taux de 5,5 %).

---

[1] Pour toute question relative à ces attestations, vous pouvez consulter le site Internet www.impots.gouv.fr, rubrique «documentation», ou appeler IMPOTS SERVICE au 0810.IMPOTS (0810 467 687, prix d'un appel local depuis un poste fixe) du lundi au vendredi de 8h à 22h et le samedi de 9h à 19h , ou vous adresser à votre centre des impôts (dont les coordonnées figurent en haut de votre déclaration de revenus). Toutes précisions sont apportées par ailleurs dans le bulletin officiel des impôts (BOI) 3 C-7- 06 consultable sur le site Internet déjà cité.

• TVA Mode d'emploi

TVA au taux réduit : attestation normale

1300-SD
(06-2008)

ATTESTATION NORMALE[1]

---

① IDENTITE DU CLIENT OU DE SON REPRESENTANT

Je soussigné(e) :

Nom : ....*Prénom :* ....

Adresse : ....*Commune*.....................*Code postal :*.....................

---

② NATURE DES LOCAUX

J'atteste que les travaux à réaliser portent sur un immeuble achevé depuis plus de deux ans à la date de commencement des travaux et affecté à l'habitation à l'issue de ces travaux :

☐ *maison ou immeuble individuel*   ☐ *immeuble collectif*   ☐ *appartement individuel*

☐ *autre (précisez la nature du local à usage d'habitation)* ... ...

Les travaux sont réalisés dans :

☐ *un local affecté exclusivement ou principalement à l'habitation*

☐ *des pièces affectées exclusivement à l'habitation situées dans un local affecté pour moins de 50 % à cet usage*

☐ *des parties communes de locaux affectés exclusivement ou principalement à l'habitation dans une proportion de (...................) millièmes de l'immeuble*

☐ *un local antérieurement affecté à un usage autre que d'habitation et transformé à cet usage*

Adresse[2] :..*Commune*.........................*Code postal :*.........

dont je suis : ☐ *propriétaire*   ☐ *locataire*   ☐ *autre (précisez votre qualité) :* ....

---

③ NATURE DES TRAVAUX

J'atteste que <u>sur la période de deux ans précédant ou suivant la réalisation des travaux décrits dans la présente attestation</u>, ces travaux :

1. Fondations :

☐ n'affectent pas les fondations

☐ ou rendent à l'état neuf, par ajout ou remplacement, la moitié au plus des fondations.

2. Eléments, hors fondations, déterminant la résistance et la rigidité de l'ouvrage :

☐ n'affectent pas ces éléments

☐ ou rendent à l'état neuf, par ajout ou remplacement, la moitié au plus de ces éléments.

3. Façades (hors ravalement) :

☐ n'affectent pas les façades

☐ ou rendent à l'état neuf, par ajout ou remplacement, la moitié au plus des façades.

---

[1] Pour remplir cette attestation, cochez les cases correspondant à votre situation et complétez les rubriques en pointillés. Vous pouvez vous aider de la notice explicative.

[2] Si différente de l'adresse indiquée dans le cadre ①.

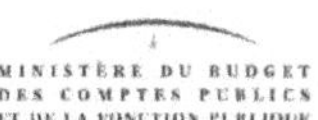

Liberté • Égalité • Fraternité
RÉPUBLIQUE FRANÇAISE

4. Eléments de second œuvre :

☐ ne rendent pas à l'état neuf les deux tiers ou plus de chacun des six éléments de second œuvre suivants.

A l'appui de cette indication, cocher la case utile dans chacune des lignes du tableau suivant :

A. Eléments de second œuvre	B. Les travaux ne portent pas sur cet élément	C. Les travaux rendent à l'état neuf moins des deux tiers de cet élément à l'issue des travaux	D. Les travaux rendent à l'état neuf les deux tiers ou plus de cet élément à l'issue des travaux
a. planchers qui ne déterminent pas la résistance ou la rigidité de l'ouvrage	☐	☐	☐
b. huisseries extérieures	☐	☐	☐
c. cloisons intérieures	☐	☐	☐
d. installations sanitaires et de plomberie	☐	☐	☐
e. installations électriques	☐	☐	☐
f. système de chauffage* *pour les immeubles situés en métropole uniquement*	☐	☐	☐

5. ☐ **J'atteste** que, sur la période de deux ans précédant ou suivant la réalisation des travaux décrits dans la présente attestation, ces travaux n'entraînent pas une augmentation de la surface hors œuvre nette (majorée pour les bâtiments d'exploitations agricoles de la surface de plancher hors œuvre brute) des locaux existants supérieure à 10 %.

6. ☐ **J'atteste** que les travaux ne consistent pas en une surélévation ou une addition de construction.

④ CONSERVATION D'UNE COPIE DE L'ATTESTATION ET DES PIECES JUSTIFICATIVES

Je conserve une copie de cette attestation ainsi que de toutes les factures ou notes émises par les entreprises prestataires jusqu'au 31 décembre de la cinquième année suivant la réalisation des travaux et m'engage à en produire une copie à l'administration fiscale sur sa demande ainsi que les éléments de justification des proportions mentionnées dans le cadre ③ ci-dessus.

Si les mentions portées sur l'attestation s'avèrent inexactes de votre fait et ont eu pour conséquence l'application erronée du taux réduit de la TVA, vous êtes solidairement tenu au paiement du complément de taxe résultant de la différence entre le montant de la taxe due (TVA au taux de 19,6 %) et le montant effectivement payé (TVA au taux de 5,5 %).

Fait à..............................., le..................

Signature du client ou de son représentant :

MINISTÈRE DU BUDGET
DES COMPTES PUBLICS
ET DE LA FONCTION PUBLIQUE

1300-SD
(06-2008)

NOTICE (ATTESTATION NORMALE)

> Le taux réduit de la TVA prévu à l'article 279-0 bis du code général des impôts (CGI) s'applique, sous certaines conditions, aux travaux d'amélioration, de transformation, d'aménagement et d'entretien de locaux à usage d'habitation achevés depuis plus de deux ans. Pour bénéficier du taux réduit vous devez attester que ces conditions sont réunies. Deux modèles d'attestation sont à votre disposition pour effectuer cette démarche. Vous pouvez utiliser l'attestation simplifiée pour tous les travaux n'affectant, sur une période de deux ans, aucun des éléments de gros œuvre et pas plus de cinq des six lots de second œuvre définis au 2) du A ci-dessous [1]. L'attestation normale est à utiliser dans les autres cas.

A - Quel est l'objet de cette attestation ?

Elle garantit que sont réunies les conditions prévues par l'article 279-0 bis du code général des impôts (CGI) pour bénéficier du taux réduit de la taxe sur la valeur ajoutée (TVA) sur les travaux d'amélioration, de transformation, d'aménagement et d'entretien de locaux à usage d'habitation achevés depuis plus de deux ans.

En effet, le taux réduit de la TVA ne s'applique pas aux travaux qui :

1) soit portent sur des locaux autres que d'habitation à l'issue des travaux, ou achevés depuis moins de deux ans ;
2) soit concourent à la production d'un immeuble neuf, c'est-à-dire les travaux qui rendent à l'état neuf le gros œuvre (la majorité des fondations ou des autres éléments qui déterminent la résistance et la rigidité de l'ouvrage ou de la consistance des façades hors ravalement) ou au moins deux tiers de chacun des éléments de second œuvre ;
3) soit augmentent la surface de plancher des locaux existants de plus de 10 % ;
4) soit conduisent à une surélévation du bâtiment ou à une addition de construction ;
5) soit consistent en des travaux de nettoyage, soit concernent l'aménagement et l'entretien des espaces verts, soit correspondent à la fourniture d'équipements ménagers ou mobiliers ou de gros équipements listés à l'article 30-00 A de l'annexe IV au CGI.

B - Comment remplir cette attestation ?

Cadre ① IDENTITÉ DU CLIENT OU DE SON REPRÉSENTANT

L'attestation est remplie par la personne qui fait effectuer les travaux (propriétaire occupant, propriétaire bailleur, locataire, syndicat de copropriétaires, etc.). C'est à elle de justifier qu'elle a respecté les mentions portées sur l'attestation.

Si l'administration conteste les informations portées sur l'attestation, c'est l'administration qui devra apporter la preuve que celles-ci sont inexactes.

Cadre ② NATURE DES LOCAUX

Pour bénéficier du taux réduit de la TVA, les travaux doivent porter sur des locaux à usage d'habitation achevés depuis plus de deux ans.

Le taux réduit est également applicable aux travaux qui ont pour objet d'affecter principalement à un usage d'habitation un local précédemment affecté à un autre usage sauf s'ils concourent à la production d'un immeuble neuf.

---

[1] Pour toute question relative à ces attestations, vous pouvez consulter le site Internet www.impots.gouv.fr, rubrique «documentation», ou appeler IMPOTS SERVICE au 0810.IMPOTS (0810 467 687, prix d'un appel local depuis un poste fixe) du lundi au vendredi de 8h à 22h et le samedi de 9h à 19h , ou vous adresser à votre centre des impôts (dont les coordonnées figurent en haut de votre déclaration de revenus). Toutes précisions sont apportées par ailleurs dans le bulletin officiel des impôts (BOI) 3 C-7-06 consultable sur le site Internet déjà cité.

Liberté • Égalité • Fraternité
RÉPUBLIQUE FRANÇAISE

Cadre ③ NATURE DES TRAVAUX

Les travaux qui rendent un immeuble à l'état neuf (rénovation)

Ce sont les travaux mentionnés au A-2) ci-dessus. Les notions qui y sont énumérées se comprennent comme suit :

Gros œuvre	
Fondations	Il s'agit des éléments qui composent le socle et l'assise stable d'une construction en répartissant sa charge sur le sol : fondations superficielles ou profondes telles que semelles, longrines, radiers, puits, pieux.
Eléments hors fondations déterminant la résistance et la rigidité de l'ouvrage	Il s'agit des éléments sans lesquels ces caractéristiques de solidité ne sont plus assurées, tels que les experts et tribunaux peuvent les apprécier en cas d'accident : - éléments verticaux (murs, piliers, colonnes et poteaux), quand ils sont porteurs ; - éléments horizontaux (poutres, planchers et dalles), quand ils contribuent à la stabilité de l'ensemble ; - éléments obliques assurant le contreventement (contreforts éventuels) ; - éléments de charpente, quand ils contribuent à la stabilité de l'ensemble.
Façades	Tous les éléments verticaux externes assurant la mise hors d'eau de l'immeuble : murs, murs-rideaux, murs-panneaux, etc. Ne sont pris en considération à ce titre que les travaux qui portent sur la consistance des façades, à l'exclusion du simple ravalement de la surface.
Second œuvre	
Eléments de second œuvre	Les éléments à prendre en compte sont les six lots techniques suivants : - les planchers non porteurs, c'est-à-dire ne déterminant pas la résistance ou la rigidité de l'ouvrage ; - les huisseries extérieures (dormants et ouvrants) ; - les cloisons intérieures ; - les installations sanitaires et de plomberie ; - les installations électriques ; - le système de chauffage (en métropole uniquement).

Vous devez déterminer la proportion dans laquelle les travaux réalisés conduisent à rendre à l'état neuf les fondations, les éléments hors fondations déterminant la résistance et la rigidité de l'ouvrage, les façades ou les éléments de second œuvre.

A cet effet, il convient de déterminer la proportion entre les éléments neufs et le total, à l'issue des travaux, des éléments du lot techniquement concerné (y compris les éléments qui ont été conservés). Vous êtes libre de retenir toute méthode dont vous pourrez justifier la pertinence sur demande de l'administration (valeur, surface, volume ou quantité).

Pour les éléments de gros œuvre, (*points 1., 2., et 3. du cadre ③ de l'attestation*), indiquez soit que l'élément n'est pas affecté par les travaux, soit, dans le cas contraire, que la moitié au plus de l'élément est rendu à l'état neuf par ajout, remplacement, reprise en sous-œuvre.

➢ *Les travaux conduisent à la production d'un immeuble neuf, et sont donc exclus du taux réduit de la TVA , si un seul de ces trois éléments du gros œuvre est, à l'issue des travaux, rendu à l'état neuf pour plus de la moitié.*

Pour chacun des six éléments de second œuvre, (*point 4. du cadre ③ de l'attestation*), indiquez s'il n'est pas affecté par les travaux ou, dans le cas contraire, si la proportion dans laquelle il est rendu à l'état neuf par ajout ou remplacement demeure ou non inférieure à deux tiers.

178

• *TVA Mode d'emploi*

➢ *Les travaux conduisent à la production d'un immeuble neuf, et sont donc exclus du taux réduit de la TVA , si les éléments de second œuvre sont, à l'issue des travaux, rendus à l'état neuf pour au moins deux tiers pour chacun d'entre eux.*

<u>Les travaux qui augmentent la surface</u>

La surface de plancher (*point 5. du cadre ③ de l'attestation*) correspond à la surface de plancher hors œuvre nette (SHON) telle que définie par l'article R.112-2 du code de l'urbanisme. Elle est majorée le cas échéant des surfaces des bâtiments d'exploitations agricoles mentionnées au d de ce même article.

<u>L'appréciation des travaux réalisés sur une période de deux ans</u>

Les travaux qui rendent à l'état neuf un immeuble ainsi que les travaux qui augmentent la surface hors œuvre nette des locaux existants de plus de 10% s'apprécient sur une période de deux années précédant ou suivant la réalisation des travaux.

Ainsi, il doit être tenu compte des travaux réalisés dans les deux années qui précèdent pour déterminer la proportion dans laquelle les éléments sont rendus à l'état neuf. De même, le bénéfice du taux réduit est susceptible d'être remis en cause par les travaux qui, éventuellement, interviendraient dans les deux années à venir.

C - A qui remettre l'attestation ?

Cadre ④ REMISE DE L'ATTESTATION ET CONSERVATION DES PIÈCES JUSTIFICATIVES

L'attestation, une fois complétée, datée et signée, doit être remise au prestataire effectuant les travaux au plus tard avant la facturation. Lorsqu'il y a plusieurs prestataires, un original de l'attestation doit être remis à chacun d'entre eux.

Vous devez conserver une copie de l'attestation ainsi que l'ensemble des factures ou notes émises par le(s) prestataire(s) ayant réalisé des travaux jusqu'au 31 décembre de la cinquième année suivant leur réalisation. Elles devront en effet être produites si l'administration vous demande de justifier de l'application du taux réduit de la TVA et des modalités de détermination des proportions mentionnées dans le cadre ③.

D - Quelles sont les conséquences de la remise d'une attestation erronée ?

Si les mentions portées sur l'attestation s'avèrent inexactes de votre fait, y compris à raison des travaux qui sont réalisés dans les deux années qui suivent, et ont eu pour conséquence l'application erronée du taux réduit de la TVA, vous êtes solidairement tenu au paiement du complément de taxe résultant de la différence entre le montant de la taxe due (TVA au taux de 19,6 %) et le montant effectivement payé (TVA au taux de 5,5 %).

Demande de remboursement de crédit de TVA

DIRECTION GÉNÉRALE
DES FINANCES PUBLIQUES

cerfa

N° 11255 * 10

Enregistrer sous...

Liberté • Égalité • Fraternité
RÉPUBLIQUE FRANÇAISE

@internet-DGFiP   N° 3519

IFU/N° ILIAD-Cx

N° d'enregistrement au registre 4000

N° de dossier-clé du demandeur

N° MEDOC de la demande

Date de réception de la demande :
(timbre à date du service des impôts)

**TAXE SUR LA VALEUR AJOUTÉE
ET TAXES ASSIMILÉES**

DEMANDE DE REMBOURSEMENT DE CRÉDITS DE TAXES

AU TITRE DE LA PÉRIODE :

I. IDENTIFICATION DE L'ENTREPRISE

Nom, prénoms ou dénomination de l'entreprise et adresse du principal établissement ou de la direction de l'entreprise	Adresse de correspondance (1) ou Nom, prénoms ou dénomination et adresse du représentant fiscal ou du liquidateur judiciaire
Tél. :	Tél. :

Activités exercées (souligner l'activité principale).

Numéros d'identification

N° de TVA intracommunautaire

F R

N° SIRET de l'établissement

(ces numéros figurent sur vos déclarations de TVA préimprimées)

Nationalité de l'entreprise

- Entreprise française .... ☐
- Entreprise étrangère – établie dans la CE et réalisant des opérations imposables en France .. ☐
        – établie hors CE et réalisant des opérations imposables en France sans y être établie (**désignation obligatoire d'un représentant fiscal**) ..... ☐

(2)

II. DEMANDE DE REMBOURSEMENT

OBSERVATION : Avant de remplir cet imprimé, il vous est conseillé de consulter les explications fournies page 2. Pour tout renseignement complémentaire, vous pouvez prendre contact avec le service des impôts dont vous dépendez.

Le soussigné *(nom, prénom, qualité)*

atteste que l'entreprise présentant cette demande est à jour dans le dépôt de ses déclarations de taxe sur la valeur ajoutée et taxes assimilées.

Il sollicite le remboursement de la somme de *(en chiffres)* :   €

- à créditer au compte désigné   ☐
- à imputer sur une échéance future (joindre l'imprimé n° 3516*)   ☐   } cocher selon le choix

et réduit, à due concurrence, le montant du crédit à reporter sur la prochaine déclaration.

* disponible sur le site www.impots.gouv.fr ou auprès de votre service des impôts.

À   , le

Signature de la personne habilitée à engager l'entreprise (représentant légal ou personne mandatée) :

Demande déposée suite à :

(2)
- ☐ 1re demande (création le   )
- ☐ cession, cessation, décès le
- ☐ autres

(1) Adresse à laquelle le courrier doit être expédié dans le cas où cette adresse est différente de celle du principal établissement.
(2) Cocher la case correspondant à votre cas et préciser, le cas échéant, la date.

---

*La charte du contribuable : des relations entre l'administration fiscale et le contribuable basées sur les principes de simplicité, de respect et d'équité.
Disponible sur www.impots.gouv.fr et auprès de votre service des impôts*

MINISTÈRE DU BUDGET
DES COMPTES PUBLICS
DE LA FONCTION PUBLIQUE
ET DE LA RÉFORME DE L'ÉTAT

• *TVA Mode d'emploi*

ENTREPRISES DEVANT UTILISER L'IMPRIMÉ N° 3519

Cet imprimé, **à déposer en simple exemplaire,** est destiné à être utilisé :

▶ **par les entreprises placées sous le régime du chiffre d'affaires réel** (ou ayant choisi de déclarer selon les modalités de ce régime) ;

▶ **par les exploitants agricoles placés sous le régime de la déclaration trimestrielle** quelle que soit la procédure de remboursement qu'ils utilisent ;

▶ **par les exploitants agricoles placés sous le régime des acomptes trimestriels,** uniquement lorsqu'ils utilisent, en fin d'année, la procédure spéciale « exportateurs » (les demandes de remboursement selon la procédure générale s'effectuent directement sur la déclaration annuelle CA 12 A) ;

▶ **par les entreprises placées sous le régime simplifié d'imposition,** uniquement lorsqu'elles demandent un remboursement trimestriel provisionnel du crédit constitué par la taxe déductible ayant grevé l'acquisition de biens constituant des immobilisations d'un montant au moins égal à 760 € (en fin d'année, la demande de remboursement du crédit tenant compte de la taxe déductible sur services et biens autres qu'immobilisations s'effectue directement sur la déclaration annuelle CA 12 ou en fin d'exercice sur la déclaration CA 12 E pour les entreprises qui ont opté pour la régularisation de la taxe sur la valeur ajoutée et des taxes assimilées dans le cadre de l'exercice).

RÉGLEMENTATION

La TVA qui a grevé les éléments du prix des opérations réalisées par les entreprises redevables de la TVA est déductible non seulement lorsque les opérations sont effectivement soumises à la TVA mais également lorsqu'il s'agit d'exportations ou de livraisons intracommunautaires de produits passibles de cette taxe ou d'autres opérations relevant du commerce extérieur.

La taxe déductible dont l'imputation n'a pu être opérée sur la taxe due peut faire l'objet d'un remboursement dans les conditions fixées par les articles 242-0 A à 242-0-K de l'annexe II au Code général des impôts.

Deux procédures de remboursement sont prévues :

DEUX PROCÉDURES	OBSERVATIONS

⏩ PROCÉDURE GÉNÉRALE :
 	
■ ouverte à toutes les entreprises ;
■ à l'issue de chaque mois ou trimestre civil :
  • dépôt au titre des onze premiers mois ou des trois premiers trimestres civils :
    – le crédit à rembourser doit être au moins égal à 760 € ;
  • dépôt au titre du mois de décembre ou du quatrième trimestre civil :
    – le crédit à rembourser doit être au moins égal à 150 €
	⏩ CADRES À REMPLIR : I, II et III.

⏩ PROCÉDURE SPÉCIALE « EXPORTATEURS » : ■ réservée aux entreprises qui réalisent des exportations ou des livraisons intracommunautaires de biens meubles corporels normalement passibles de la TVA, des ventes en suspension de taxes, d'autres opérations relevant du commerce extérieur exonérées ou situées en dehors du champ d'application de la TVA (l'entreprise doit être en possession des pièces justifiant la qualité de toutes ces opérations) ; ■ dépôt à l'issue de chaque trimestre civil, mais aussi à l'issue de chaque mois pour les redevables qui souscrivent des déclarations de TVA mensuelles ; ■ pas de montant minimum de remboursement ; ■ mais un plafond de remboursement égal au montant de la TVA décomptée fictivement sur les opérations citées précédemment et réalisées au cours du mois ou du trimestre (« TVA fictive »).	**⏩ CADRES À REMPLIR : I, II et IV.** **⏩ CHOIX DE LA PROCÉDURE SPÉCIALE :** s'exprime par l'utilisation du cadre IV de la demande ; par ailleurs, l'utilisation de cette procédure le premier et/ou le deuxième mois d'un trimestre n'interdit pas l'emploi de la procédure générale le troisième mois dudit trimestre. Toutefois, dans ce cas, la fraction de TVA fictive non utilisée sur la dernière demande ne sera plus reportable sur la demande suivante.

IMPUTATION DU REMBOURSEMENT SUR UNE ÉCHÉANCE FUTURE

Si vous disposez d'une créance sur le Trésor (crédit de TVA, excédent d'impôt sur les sociétés...) vous pouvez utiliser tout ou partie de cette créance pour payer un impôt professionnel encaissé par le réseau comptable de la Direction générale des finances publiques (DGFiP).

Pour obtenir des informations sur ce service et le formulaire n° 3516 à souscrire, vous pouvez contacter votre service des impôts ou consulter le site www.impots.gouv.fr

III. PROCÉDURE GÉNÉRALE DE REMBOURSEMENT

■ Déclaration portant sur la période du :
(indiquer le mois ou le trimestre au titre duquel la déclaration CA3 est déposée)

■ Montant du remboursement demandé .... **R**
Attention : pour que votre demande soit recevable, le montant dont le remboursement est demandé doit figurer obligatoirement sur la ligne 26 de la déclaration visée au présent cadre. Le montant porté en ligne 26 ne peut plus faire l'objet d'une imputation (article 242-0 E de l'annexe II au Code général des impôts).

IV. PROCÉDURE SPÉCIALE « EXPORTATEURS »

■ CALCUL DU PLAFOND DE REMBOURSEMENT

	Nature des opérations ouvrant droit à remboursement (indiquer le(s) période(s) concernée(s))	Répartition du montant des opérations ouvrant droit à remboursement selon la procédure spéciale d'après le taux de TVA qui leur aurait été applicable si elles avaient été soumises à cette taxe en France (taux réduit, taux normal, taux particuliers)				Totaux par ligne
		1	2	3	4	5
1	Exportations de biens meubles corporels					
2	Livraisons intracommunautaires de biens meubles corporels					
3	Autres opérations relevant du commerce extérieur et vendus en suspension de TVA					
4	Totaux par colonne					
5	Taux de la TVA (à préciser)	%	%	%	%	
6	TVA fictive retenue comme plafond de remboursement	▼	▼	▼	▼	▼

7 ■ FRACTION DE TVA **fictive** non utilisée sur la précédente demande 3519 (ligne 12) ....
(fraction non reportable si, entre-temps, vous avez obtenu un remboursement selon la procédure générale)

8 ■ PLAFOND DE REMBOURSEMENT (total lignes 6 et 7) .... **P**

9 ■ REPORT DU CRÉDIT dégagé sur la déclaration de TVA .... **C**

10 ■ REMBOURSEMENT DEMANDÉ (plus petit des deux montants P ou C) .... **R**

11 ■ CRÉDIT **non remboursable** à reporter sur la prochaine déclaration (C − R) ....

12 ■ FRACTION DE TVA **fictive** non utilisée sur la présente déclaration (P − R)......................
(et reportable, le cas échéant, sur la ligne 7 de votre prochaine demande)

SERVICE DESTINATAIRE – DÉLAIS – DOCUMENTS À JOINDRE À LA PRÉSENTE DEMANDE

➤ **SERVICE DESTINATAIRE :** Service des impôts dont relève l'entreprise ou son représentant fiscal.

➤ **DÉLAIS :** En principe dans le délai prévu pour le dépôt de la déclaration de TVA (CA 3 ou CA 12 A) faisant apparaître le crédit dont le remboursement est demandé ; au cours du mois suivant le trimestre considéré pour les entreprises placées sous le régime simplifié d'imposition.

➤ **DOCUMENTS À TRANSMETTRE :**
- **déclaration de TVA** – CA 3 ou CA 12 A et éventuellement annexes 3310 KA et 3310 *ter* faisant apparaître le crédit dont le remboursement est demandé ;
- **relevé d'identité bancaire, postal ou de caisse d'épargne** [conforme au libellé exact de l'entreprise ou du représentant dûment qualifié (cf. *infra*)] s'il s'agit d'une première demande de remboursement ou en cas de changement de compte (1) ;
- **mandat** si le signataire de la demande n'est pas le redevable, lors de la première demande ou en cas de changement de mandataire (le mandat doit être exprès et établi ou enregistré antérieurement à la date de souscription de la demande). Ce mandat doit être impérativement produit sous forme d'un acte authentique dans les cas de remboursement au nom du représentant qualifié de l'entreprise bénéficiaire pour toute somme excédant 5 300 € ; en deçà, un acte sous seing privé est admis ;
- **relevé des factures d'achats** comportant, sur trois colonnes, les noms et adresses des fournisseurs ou prestataires de services, les date et montant de chaque facture et le montant de la TVA mentionnée sur la facture, **lorsqu'il s'agit de la première demande présentée par une entreprise nouvelle.** Pour les entreprises placées sous le régime simplifié d'imposition sollicitant un remboursement trimestriel provisionnel de la TVA ayant grevé leurs acquisitions d'immobilisations, **l'original de ces factures est exigé.**

OBSERVATION : Les documents listés ci-dessus doivent **impérativement** être joints à votre demande de remboursement.
Pour votre information, dans le cadre de son pouvoir de contrôle, l'administration conserve la possibilité de remettre en cause l'existence du crédit dont le remboursement vous a été accordé.

(1) En cas de décès, au nom du notaire avec un certificat d'hérédité et une lettre dans laquelle le notaire se porte fort vis-à-vis des héritiers.

TÉLÉTRANSMISSION DES DEMANDES DE REMBOURSEMENT AVEC TÉLÉTVA

Et si vous transmettiez vos demandes de remboursement de crédits de TVA par voie dématérialisée avec TéléTVA ? Ce service est offert à toutes les entreprises à l'exception des entreprises étrangères gérées par la Direction des Résidents à l'Étranger et des Services Généraux.
Pour plus d'informations, consultez le site www.impots.gouv.fr rubrique « Professionnels ».

CADRE RÉSERVÉ À L'ADMINISTRATION

AVIS DU COMPTABLE DES IMPÔTS

LE COMPTABLE des Impôts soussigné certifie que l'entreprise demanderesse :

(1)
- a déposé en même temps que la présente demande une déclaration de taxe sur la valeur ajoutée faisant apparaître le crédit ;
- ne figure à aucun titre comme reliquataire dans les écritures de la recette ;
- est redevable de la somme de *(mention en chiffres uniquement)* ....

au titre de ....

Observations (2) : ....

....

....

À .... , le ....

Signature et cachet d'authenticité :

(1) Rayer la mention qui ne convient pas.
(2) Indiquer, notamment, les raisons pour lesquelles il paraît opportun d'exiger une caution.
    Préciser, le cas échéant, qu'un avis de compensation n° 3382 est établi.

AVIS DU SERVICE INSTRUCTEUR

L'INSPECTEUR (1)   LE CONTRÔLEUR (1) des Impôts soussigné émet un avis { favorable / défavorable } (1)   au remboursement de la somme

de *(mention en chiffres uniquement)* ....

Observations (2) : ....

....

....

....

....

À .... , le ....

Signature et cachet d'authenticité :

CODE BDUT / ADM PARTIELLE	
TYPE DE REJET	TYPE DE CONTRÔLE
N° ALPAGE	

- Nombre de documents présentés – sur demande de l'inspecteur – pour justifier :
  - les affaires d'exportation ....
  - les taxes déductibles ....
- Nombre de bulletins de recoupement établis ....

(1) Rayer la mention qui ne convient pas.
(2) Indiquer, notamment, les raisons pour lesquelles il paraît opportun d'exiger une caution.
    Préciser, le cas échéant, les motifs de rejet total ou partiel du remboursement demandé.

DÉCISION DU DIRECTEUR

LE DIRECTEUR soussigné autorise le remboursement

de la somme de *(mention en chiffres uniquement)* ....

au profit de ....

....

La présentation d'une caution { a été exigée (1), / n'a pas été exigée (1). }

À .... , le ....

Signature et cachet d'authenticité :

(1) Rayer la mention qui ne convient pas.

Décisions prises par délégation			
Nature op.	Numéro op.	Date	Nom - Signature

Attestation d'assujetti

DIRECTION GÉNÉRALE DES
FINANCES PUBLIQUES

cerfa

13962 * 01
Cachet du service

RÉPUBLIQUE FRANÇAISE

@internet-DGFiP
3558-SD
(01-2010)

TAXE SUR LA VALEUR AJOUTÉE

ATTESTATION DE LA QUALITÉ D'ASSUJETTI

Le service désigné ci-dessous (1) :

____

____

____

certifie que

____
(Nom et prénom ou dénomination et forme de la société et, éventuellement, désignation commerciale)

____

____
(Nature de l'activité)

____
(Adresse de compétence)

____

est assujetti à la taxe sur la valeur ajoutée sous le numéro d'identification :

| F | R | | | | | | | | | | | | | depuis le _____________

Le numéro d'identification a été attribué en application des conditions prévues (2) :

☐ aux points a et c du 1) de l'article 214 de la directive 2006/112/CE. Cet assujetti est redevable de la TVA de plein droit *(code 1)*.

☐ au point b du 1) de l'article 214 de la directive 2006/112/CE. Cet assujetti a opté pour le paiement de la TVA sur ses acquisitions intracommunautaires de biens ou dépasse le seuil de 10 000 € d'acquisitions intracommunautaires *(code 2 ou 3)*.

☐ aux points d et e du 1) de l'article 214 de la directive 2006/112/CE. Cet assujetti est identifié à la TVA car il fournit des services à un assujetti établi dans un autre Etat membre de l'Union ou acquiert des prestations de services au titre desquelles il est redevable de la taxe en France, mais il continue à bénéficier du régime dérogatoire qui lui permet de ne pas soumettre ses acquisitions intracommunautaires de biens à la TVA en France *(code 9)*.

IMPORTANT : Les informations ci-dessus doivent être communiquées telles quelles à vos fournisseurs. À défaut, votre qualité d'assujetti identifié est susceptible de ne pas être confirmée lors d'une procédure de vérification de votre numéro d'identification par vos fournisseurs.

Cette attestation est valable un an à compter de la date de sa délivrance et pour le pays suivant :

____

À _________________ le _________________

Signature :

(1) Indiquer la désignation et l'adresse du service des impôts gestionnaire du dossier.
(2) Cocher la case concernée et rayer les mentions inutiles

Nom et qualité : _________________

> **La charte du contribuable : des relations entre l'administration fiscale et le contribuable basées sur les principes de simplicité, de respect et d'équité. Disponible sur** www.impots.gouv.fr **et auprès de votre service des impôts**

Les dispositions des articles 39 et 40 de la loi n° 78-17 du 6 janvier 1978 relative à l'informatique, aux fichiers et aux libertés, modifiée par la loi n° 2004-801 du 6 août 2004, garantissent les droits des personnes physiques à l'égard des traitements des données à caractère personnel.

MINISTÈRE DU BUDGET
DES COMPTES PUBLICS
DE LA FONCTION PUBLIQUE
ET DE LA RÉFORME DE L'ÉTAT

• TVA Mode d'emploi

Modèle d'attestation d'achat en franchise de TVA

modèle d'attestation

Papier à en-tête
de l'entreprise

Objet : **Attestation d'achats de biens ou de services en franchise de taxe sur la valeur ajoutée**

Le

Je soussigné, (**Nom, Prénom, qualité**)[1], atteste que l'entreprise (**désignation complète de l'entreprise**)[2] achète le (**date de l'opération**) auprès de (**désignation complète de l'entreprise établie en France**) les marchandises (**ou prestations de services**) suivantes (**nature des marchandises ou des prestations de services**) pour un montant hors taxe sur la valeur ajoutée de   €.[3]

Je certifie que :

a) ces biens sont destinés en l'état ou après transformation à faire l'objet :

- d'une livraison à l'exportation ;
- d'une livraison intracommunautaire exonérée en vertu du 1 de l'article 262 ter du code général des impôts (CGI) ;
- d'une livraison dont le lieu est situé sur le territoire d'un autre Etat membre de la Communauté européenne en application des dispositions de l'article 258 A du CGI relatif au régime des ventes à distance ;
- d'une livraison de gaz ou d'électricité située hors de France en application du III de l'article 258 du CGI ;
- d'une livraison après montage ou installation dont le lieu est situé dans un autre Etat membre de la Communauté européenne en application de l'article 258 du CGI ;

b) les prestations de services sont afférentes à des biens qui recevront cette destination.

Si les marchandises en cause ne recevaient pas la destination ayant motivé l'autorisation d'achat en franchise, l'entreprise sus-nommée s'engage, en application des articles 275 et 284-1 du CGI, à acquitter la taxe sur la valeur ajoutée, sans préjudice des pénalités prévues au 4 de l'article 1788 A du CGI.

Je vous indique que l'entreprise sus-nommée :

- bénéficie d'une dispense de visa, n°................., délivrée le.................[4]
- ne bénéficie pas d'une dispense de visa[1]

Fait à   le

(Signature manuscrite)

VISA DU SERVICE DES IMPOTS DES ENTREPRISES

Attestation n°

Cachet du service :   Fait à :   le

(Nom, prénom, qualité et signature)

---

[1] Le soussigné doit avoir qualité pour engager l'entreprise. Le cas échéant, un mandat régulier doit être joint à l'attestation.

[2] Dénomination, adresse, n°SIRET.

[3] L'instruction 3 A-2-04 du 6 août 2004 a supprimé l'obligation de chiffrage des attestations pour les acquéreurs dispensés de visa par l'instruction 3 A-1-00 du 21 février 2000.

[4] Rayer la mention inutile.

Modèle simplifié de clause fiscale

Le voici en français et en anglais, à adapter selon le cas.

Version française

« Les prix contractuels sont exprimés hors TVA, impôts, taxes sur le chiffre d'affaires et charges analogues, de quelque nature que ce soit, dus en vertu de l'exécution du contrat dans le pays de livraison des biens ou de réalisation des services. S'il s'avère que des taxes étaient appliquées, elles seront payées par l'acheteur en sus du prix selon les règles en vigueur. Si l'acheteur bénéficie d'une exonération, il en fournira le justificatif officiel au vendeur. »

Version anglaise

« Prices do not include VAT, charge, duty, sales taxes, import taxes or duties, contributions, fees or dues of any nature whatsoever, levied in the country where the services will be performed or the goods delivered by reason of the conclusion or the performance of this contract. Any such tax will be paid by the purchaser to the seller in addition to the price received in compliance with the regulations in force at that time, except if the purchaser provides the seller with en exemption certificate. »

• TVA Mode d'emploi

Modèle de réclamation contentieuse avec demande de sursis au paiement

À adresser dans les délais requis en recommandé avec accusé de réception au service des impôts ou à l'adresse indiquée sur l'avis de mise en recouvrement. Si vous demandez un sursis au paiement adressez une copie de la réclamation au service du recouvrement afin qu'il comprenne pourquoi vous ne payez pas l'impôt contesté, et qu'il puisse vous demander de constituer une garantie.

«Je, soussigné, Nom, Prénom, dûment habilité à représenter l'entreprise par décision (la décrire) du, fais suite à l'avis de mise en recouvrement N° du, reçu le, d'un montant de xxx euros.

Je vous informe par la présente que je conteste la TVA recouvrée, ainsi que les intérêts ou majorations y afférents, pour les raisons suivantes : [*Détaillez les raisons, en vous référant aux textes applicables. Si vous répondez à une proposition de rectification, motivez votre réponse en opposant aux arguments de l'administration des éléments basés sur les faits, les textes de loi, la doctrine administrative si elle vous est favorable, et la jurisprudence.*]

Conformément aux dispositions de l'article L. 277 du Livre des procédures fiscales, l'entreprise XXX demande à surseoir au paiement des sommes contestées.

Avec mes remerciements pour votre attention, je vous prie de…

À

Le

Nom et prénom, titre

Signature

Pièces jointes : avis d'imposition et toutes les pièces justificatives utiles.»

Liens utiles

Site public de diffusion du droit : www.legifrance.gouv.fr/

Site du ministère des Finances : www.impots.gouv.fr/

Site de l'UE : http://ec.europa.eu/

Portail des procédures des douanes : https://pro.douane.gouv.fr/

188

Index

A

acquisition intracommunautaire 97, 110
activité financière 152, 153
activité médicale 33
assujetti 25, 41, 62, 66, 86
avocat 36, 130

B

bien d'occasion 59, 62, 159

C

champ d'application 28
coefficient
    d'admission 72, 77
    d'assujettissement 65, 72
    de déduction 65, 71, 78, 79, 149
    de taxation 65, 73
construction 41
contentieux fiscal 135
crédit de TVA 56, 83, 179

D

déclaration 55, 69, 95, 106, 123, 132
déduction 35, 65, 67, 68
délai de reprise 138
dividende 75, 150
don 37

E

entrepôt 110
exigibilité 35
exportation 33, 107

F

facture 61, 65, 69, 99, 106, 115
fait générateur 19, 48
frais
    déplacement 69
    de réception 69
franchise 130
    de TVA 109, 184

H

holding 75, 78, 149
hôtel 70

I

immeuble 29, 35, 38, 41, 49
importation 48, 69, 86, 108
intérêt 61, 75, 125, 145

L

livraison 25, 29, 33, 34, 42, 47, 50
    intracommunautaire 97, 109
location 25, 30, 38

189

M

marge 43, 62, 121, 159
mention 61, 69, 100, 111, 115

N

numéro intracommunautaire 95

O

opération
  annulée 61
  impayée 61
  résiliée 61

P

petite entreprise 129
prestation de services 29, 48, 51, 94, 101

R

redressement 137
régime des acomptes provisionnels 127

régime fiscal suspensif 110
régime réel normal 125
régime réel simplifié 132
régularisation 72, 79
remboursement 32, 85, 86, 179
restaurant 69

S

secteur distinct d'activité 78, 156
secteur médical 36

T

taux 63
territorialité 89
travaux 63, 163
  immobiliers 30, 47
TVA collectée 56, 59

U

Union Européenne 86, 89, 93

V

véhicule d'occasion 159, 161

190

Composé par Marilyne Marinov & Marie Housseau
Dépôt légal : janvier 2022
N° éditeur : 4062

Imprimé en Allemagne par BoD

www.ingramcontent.com/pod-product-compliance
Ingram Content Group UK Ltd.
Pitfield, Milton Keynes, MK11 3LW, UK
UKHW021016220726
13924UKWH00001B/13